DICCIONARIO
DE
COOPERATIVISMO

ORLANDO TALEVA SALVAT

DICCIONARIO
DE
COOPERATIVISMO

VE VALLETTA EDICIONES

2013

Orlando Taleva Salvat
Diccionario de cooperativismo. - 1a ed. - Florida: Valletta Ediciones, 2011.
176 p.; 22x15 cm.

ISBN 978-950-743-339-9

1. Diccionario de Cooperativismo. I. Título
CDD 334

Diagramación y armado: *Sergio Garófalo*
Diseño de tapa: *Mercedes Valletta*

1ra edición, 2011
        1ra reimpresión, 2012
        2da reimpresión, 2013

© **Valletta Ediciones SRL**
Laprida 1780 (1602) Florida
Prov. de Buenos Aires - Rep. Argentina
Tel./Fax: 005411-4796-5244 / 4718-1172
E-mail: info@vallettaediciones.com
ww.vallettaediciones.com

A

ABRIR LOS LIBROS: ver **Apertura de libros.**

ACCIDENTE DE TRABAJO: toda lesión o afectación física o psíquica, producida al trabajador dependiente durante el transcurso de sus tareas laborales como consecuencia del trabajo o por caso fortuito o fuerza mayor inherente al trabajador. Se encuentra incluido el accidente de trabajo "in itinere".

ACCIDENTE DE TRABAJO "IN ITINERE": accidente producido durante el trayecto desde el domicilio al lugar de trabajo o viceversa. El mismo puede ser en algún medio de transporte o a pie ◆ Accidente en el trayecto.

ACCIÓN CONCERTADA: punto de equilibrio entre un sistema capitalista y uno socialista o colectivista, con la finalidad de encontrar una concertación entre la planificación y la iniciativa industrial.

ACCIONES: documentos o certificados nominativos que representan una o más cuotas sociales de capital ◆ Ver **Cuotas sociales**.

ACCIONISTAS: según la legislación de Chile, todos los socios que no son honorarios ni industriales.

ACI: ver **Alianza Cooperativa Internacional.**

ACREEDOR: que tiene acción o derecho a pedir el cumplimiento de alguna obligación.◆ Que tiene derecho a que se le satisfaga una deuda.

ACREEDORES: en las entidades no lucrativas son los proveedores, prestamistas, empleados y otros.

ACREEDORES A CORTO PLAZO: obligaciones en cuenta corriente ciertas, determinadas o determinables, cuyo vencimiento se produce dentro del año o ejercicio venidero.

ACREEDORES A LARGO PLAZO: obligaciones en cuenta corriente ciertas, determinadas o determinables, cuyo vencimiento se produce después del año o ejercicio.

ACTA DE ASAMBLEA: resumen de lo tratado durante una asamblea. Las actas deben estar firmadas por el presidente y un consejero. ◆ La totalidad de las actas deben registrarse en un libro de acuerdo con las prescripciones legales correspondientes. Es necesario expresar que se incluyen a las emergentes de las asambleas ordinarias y extraordinarias.

ACTA DE REUNIÓN DEL CONSEJO DE ADMINISTRACIÓN: acta que se realiza en cada reunión del consejo de administración y que debe registrarse en un libro llevado a tales efectos.

ACTIVIDAD AGROPECUARIA: aquella que tenga relación con la agricultura y la ganadería.

ACTIVIDAD COMERCIAL: proceso mediante el cual se trata de satisfacer la demanda de bienes y servicios en tiempo y en forma.

ACTIVIDAD ECONÓMICA: la que comprende la producción, venta y distribución de bienes y servicios. ◆ Toda actividad humana que modifica el conjunto de medios útiles y escasos a disposición de un sujeto (individuo o grupo social) para los fines de la vida *(F.*

Valsecchi). ◆ Sucesión ordenada de actos humanos, individuales o colectivos, que utiliza los recursos a su alcance para satisfacer sus objetivos vitales.

ACTIVIDAD ECONÓMICA PRIMARIA: la que se halla directamente relacionada con la producción, reproducción y explotación de bienes de la naturaleza. Comprende los grandes sectores económicos de agricultura, ganadería, minería, caza, pesca y explotación forestal. ◆ La que realizan las industrias agropecuarias y extractivas.

ACTIVIDAD ECONÓMICA SECUNDARIA: la actividad vinculada con la transformación de las materias primas. Sus sectores componentes son las industrias de elaboración y la construcción. ◆ La que realizan las industrias manufactureras.

ACTIVIDAD ECONÓMICA TERCIARIA: la vinculada con la prestación de servicios, ya sea en forma colectiva o personal. Incluye gran cantidad de sectores económicos, entre otros: agua corriente, gas, electricidad, servicios sanitarios, comercio, banca, seguros, educación, seguridad, correos, comunicaciones, profesiones liberales y otros servicios particulares. ◆ La que realizan el transporte, el comercio y servicios diversos.

ACTIVIDAD FINANCIERA: comprende a todas aquellas personas o entidades que desarrollan intermediación habitual entre la oferta y la demanda de recursos financieros.

ACTIVIDAD INDUSTRIAL: producción de bienes para el mercado, desde la extracción de la materia prima hasta la elaboración del producto final.

ACTIVIDAD LUCRATIVA: actividad ejecutada o desarrollada con el objeto de obtener ganancia, lucro o provecho.

ACTIVO: recursos económicos del ente ◆ Conjunto de bienes y derechos de una persona o empresa ◆ Representa los bienes y los derechos de propiedad del ente y las partidas imputables contra ingresos atribuibles a períodos futuros ◆ Es uno de los grandes grupos de cuentas del balance o del estado patrimonial. Sus componentes son: 1) caja y bancos; 2) inversiones; 3) créditos; 4) bienes de cambio; 5) bienes de uso; 6) activos intangibles y 7) otros activos.

ACTIVO CIRCULANTE: cualquier partida del activo que se convierta en efectivo, en virtud de procesos económicos, productivos y/o financieros, durante el término de un año. ◆ Activo que circula de continuo. ◆ Activo que puede o será convertido en efectivo en los siguientes doce meses. ◆ Rubros que representan cosas u objetos de valor, los cuales constituyen el fundamento de la explotación

económica y por cuyo motivo está destinado a la evolución general de los negocios. ◆ Activo corriente.

ACTIVO CORRIENTE: conformado por partidas del activo cuya conversión en dinero o su equivalente se convertirá en el plazo de un año, computado desde la fecha de cierre del período al que se refieren los estados contables. En general, está constituido por el total del efectivo y los bienes que se esperan convertir en efectivo dentro del año de plazo. ◆ Activo circulante.

ACTIVO FIJO: activos permanentes indispensables para llevar a cabo la actividad empresaria y de dificultosa transformación en líquido en el corto plazo. Es el caso de los edificios, terrenos, maquinarias, etcétera. ◆ Activo utilizado por una firma durante más de un año. ◆ El que tiene carácter permanente en el patrimonio de la empresa, ya sea que esté formado por bienes tangibles o intangibles. ◆ Valores, bienes, o cosas, cuya adquisición se hizo con el ánimo de usarlos en la explotación social y sin el propósito de revenderlos o ponerlos en circulación.

ACTIVO NO CORRIENTE: aquél compuesto por distintas partidas que, por exceder el término para su realización los doce meses a partir de la fecha del cierre de los estados contables, no puede considerarse corriente.

ACTIVOS: socios que prestan su colaboración al desarrollo del objetivo social *(B. Cerdá Richart).*

ACTO CONSTITUTIVO: acto jurídico que tiene por objeto hacer nacer un derecho real en favor de una persona.

ACTO COOPERATIVO: existe consenso internacional en el sentido que las operaciones que se realizan entre una cooperativa y sus socios, o entre cooperativas, en cumplimiento del objeto social, constituyen actos cooperativos, que tienen características, fines y tratamiento diferente a los actos administrativos, a los actos de comercio y a los actos civiles. Incorporar el acto cooperativo permite que las operaciones que las que las cooperativas realizan con sus socios o entre ellas, no sean juzgadas conforme a normas que rigen otras actividades empresariales, públicas o privadas y que las normas del Derecho Público, Comercial o Civil, sean aplicadas sólo a falta de disposiciones de la propia Ley de Cooperativas y de los valores y principios cooperativos *(C. Naranjo Mena)* ◆ El realizado entre las cooperativas y sus asociados y por aquellas entre sí en el cumplimiento del objeto social y la consecución de los fines institucionales. También lo es respecto de las cooperativas el acto jurídico que con idéntica finalidad realice con otras personas ◆ Aquel que tiene por finalidad la constitución de una cooperativa o el ejercicio de los fines u objeto social de una entidad de tal clase *(A. García)* ◆ Supuesto jurídico, ausente de lucro y de intermediación, que realiza la organización cooperativa en cumplimiento de un fin preponderantemente económico y de utilidad social *(A. Salinas Puente)* ◆ La denominación jurídica de un hecho: la cooperación entre seres humanos con un fin socio-económico, es decir, cooperar para procurar el mejoramiento social y económico del grupo, mediante la acción conjunta de los miembros de una obra colectiva *(J. Daly Guevara)* ◆ Aquel realizado entre socios y su cooperativa o entre cooperativas, cualquiera que fuese su grado, o entre las cooperativas y el Estado, en función del cumplimiento del objeto social de la cooperativa *(E. Carrasco)* ◆ Acto realizado entre la cooperativa y sus asociados y por las cooperativas entre sí, con el objeto de cumplir el objeto y la consecución de los objetivos institucionales ◆ Los realizados en cumplimiento del objeto social y la conservación de sus objetivos no pueden transformarse en empresas comerciales ni asociaciones civiles.

ACTO COOPERATIVO UNILATERAL: el que realiza la cooperativa con un tercero no asociado a ella.

ACTO DE COMERCIO: acto jurídico que da lugar a la aplicación de las leyes comerciales, ya sea respecto de todas las personas que son partes en él, o respecto de algunas de ellas solamente. ◆ Los actos de los comerciantes siempre se presumen actos de comercio, salvo prueba en contrario. Al igual que los que realizan accidentalmente algún acto de comercio aunque no sean considerados comerciantes. Son actos de comercio en general: 1) toda adquisición a título oneroso de una cosa mueble o de un derecho sobre ella, para lucrar con su enajenación, bien sea en el mismo estado en que se adquirió o después de darle otra forma de mayor o menor valor; 2) la transmisión a que se refiere el punto anterior; 3) toda operación de cambio, banco, corretaje o remate; 4) toda negociación sobre letras de cambio o de plaza, cheques o cualquier otro género de papel endosable o al portador; 5)las empresas de fábricas, comisiones, mandatos comerciales, depósitos o transportes de mercaderías o personas por agua o por tierra; 6) los seguros y las sociedades anónimas, sea cual fuere su objeto; 7) los fletamentos, construcción, compra o venta de buques, aparejos, provisiones y todo lo relativo al comercio marítimo; 8) las operaciones de los factores, tenedores de libros y otros empleados de los comerciantes, en cuanto concierne al comercio del negociante de quien dependen; 9) las convenciones sobre salarios de dependientes y otros empleados de los comerciantes; 10) las cartas de crédito, fianzas, prenda y demás accesorios de una operación comercial y, 11) los demás actos especialmente legislados en el Código de Comercio ◆ Acto mercantil.

ACTO DE CONSTITUCIÓN: acto formal mediante el cual en una reunión de los asociados fundadores se aprueba el estatuto, se suscriben las aportaciones y se eligen los integrantes de las instancias organizativas.

ACTO ECONÓMICO: acto que realiza el hombre con el fin de satisfacer sus necesidades y deseos económicos, tales como obtener medios de subsistencia, construir su vivienda y producir para cambiar por otros bienes.

ACTO JURÍDICO: acto voluntario lícito, que tiene por fin inmediato establecer entre las personas relaciones jurídicas, crear, modificar, transferir, conservar o alquilar derechos. Los actos jurídicos son positivos o negativos, según sea necesaria la realización u omisión de un acto para que un derecho comience o acabe. El objeto de los actos jurídicos deben ser cosas que estén en el comercio, o que por un motivo especial no se hubiese prohibido que sean objeto de algún acto jurídico, o hechos que no sean imposibles, ilícitos, contrarios a las buenas costumbres o prohibidos por las leyes, o que se opongan a la libertad de las acciones o de la conciencia, o que perjudiquen los derechos de un tercero. Los actos jurídicos que no sean conformes a esta disposición son nulos como si no tuviesen objeto.

ACTO MERCANTIL: ver **Acto de comercio**.

ACTOS COMPLEJOS SIMULTÁNEOS: ver **Actos cooperativos complejos**.

ACTOS COMPLEJOS SUCESIVOS: ver **Actos cooperativos complejos**.

ACTOS COOPERATIVOS COMPLEJOS: aquellos que se integran con una pluralidad de acontecimientos, que pueden darse simultáneamente o en sucesión inmediata. Algunos autores también los denominan "complejos simultáneos" o "complejos sucesivos" *(C. J. Corbella)*.

ACTOS COOPERATIVOS EXTRAPATRIMONIALES: aquellos carentes de contenido económico y dirigidos a realizar actividades culturales, educativas, etc., para las cuales incluso se pueden destinar fondos de reservas *(C. J. Corbella)*

ACTOS COOPERATIVOS INSTITUCIONALES: cuando el asociado realiza actos jurídicos vinculados con la vida institucional de la institución a que pertenece, distintos de los actos cooperativos comunes que realizan asociados con su cooperativa en procura de los servicios que constituyen su objeto y fin de la entidad.

ACTOS COOPERATIVOS UNILATERALES O MIXTOS: se les asigna un carácter cooperativo por su naturaleza, incluyendo los que realizan las cooperativas entre sí, aunque no tengan vínculos asociativos y afirmando la necesidad de la cooperativa como imprescindible del acto *(R. Iacovazzo)*.

ACUERDO MARCO: tratado o acuerdo que se establece a través de negociaciones con uno o más países u organismos en una determinada actividad o campo.

AD HONÓREM: expresión de origen latín que significa honorífico, cargo que se desempeña sin obtener una ganancia económica. Literalmente "para honor". ◆ Honorario.

ADHERIDOS: en algunos países como Francia, además de las cooperadoras existen candidatos a socios numerarios, y son los que tiene sólo derecho a proveerse de los artículos que suministran las cooperativas de consumo y a quienes se les abona en cuenta los retornos que le correspondan *(B. Cerdá Richart)*.

ADHESIÓN LIBRE: el ingreso o retiro de cada asociado depende única y exclusivamente de su voluntad. todo hombre puede entrar a formar parte de una cooperativa con tal que se comprometa a cumplir con sus estatutos *(P. Lambert).* ◆ Significa adhesión voluntaria y puerta abierta a todos *(M. Brot).*

ADMINISTRACIÓN DE UNA COOPERATIVA:
actividad encaminada hacia la dirección de la organización, en lo concerniente al cuidado de los bienes, de los servicios y el patrimonio. Para ello todos los asociados se reúnen en asamblea, se elige al Consejo de Administración y al Síndico para que controle sus operaciones. En algunas ocasiones, cuando resulta necesario, el Consejo de Administración designa al gerente y éste a los empleados.

ADMINISTRADORES:
en las entidades no lucrativas son los responsables de cumplir con el mandato de los cuerpos de gobierno y de dirigir las actividades operativas.

ADULTERACIÓN:
acción y efecto de adulterar.◆ Modificación o cambio doloso del contenido de un documento, escrito, etc.

AFFECTIO SOCIETATIS:
se trata de un elemento indispensable del contrato social que consiste en la voluntad de los socios de constituir un sociedad ◆ Expresa la voluntad sincera de constituir una sociedad y cooperar en la medida de la capacidad y de las fuerzas propias con los coasociados, actuando con lealtad, en el que priva un trato igualitario dentro de las condiciones económicas correspondientes. Persiguen un objeto común y existe disposición a compartir los beneficios y a soportar las pérdidas.

AFILIACIÓN:
procedimiento mediante el cual una cooperativa se adhiere a otra de grado superior conservando su naturaleza jurídica e independencia en sus decisiones *(E. Carrasco)* ◆ Integración vertical.

AGENTE DE PERCEPCIÓN:
aquel que cuando cobra recibe a su vez la porción correspondiente al impuesto para su ingreso ulterior al fisco. Es decir, el precio de su prestación o producto contiene un importe que debe depositar por su cliente en el organismo fiscal pertinente. ◆ Quien cobra por cuenta del fisco un determinado tributo, es decir, quien está obligado por una norma a percibir el mismo, con la obligación posterior de ingresarlo al Estado.

AGENTE DE RETENCIÓN:
persona jurídica o física, que está obligada a retener, por imposición legal y con fines impositivos, previsionales, sindicales o sociales, una parte del pago que le efectúa a otra. ◆ Quien por ser deudor o por ejercer una función pública, una actividad, un oficio o una profesión se encuentra en contacto con una suma de dine-

ro que, en principio, correspondería al contribuyente y, consecuentemente, puede computar la parte de la misma que corresponde al fisco en concepto de tributo, ingresándola a la orden de ese acreedor. ◆ Es aquel que, cuando paga y dispone de los fondos del sujeto pasible de la retención, retiene del monto pagado la parte que corresponde al impuesto aplicable para su ingreso posterior al fisco. Es un pago anticipado del impuesto definitivo que deberá ulteriormente ingresar el sujeto pasible de la retención. ◆ Agente retenedor.

AGENTE RETENEDOR: ver **Agente de retención.**

AGRARIO: perteneciente o relativo al campo. ◆ Aquel que en política defiende o representa los intereses de la agricultura. ◆ Todo lo que pertenece a la tierra como manifestación concreta de una actividad humana aplicada a ella, con miras a la obtención de productos, originarios o derivados del suelo ◆ Producción que incluye el cultivo de la tierra o agricultura.

AGRICULTURA: actividad desarrollada con el fin de obtener productos de la tierra o suelo. Ejemplo: siembra y cosecha de cereales utilizados para la alimentación humana y animal, siembra y cosecha de plantas para uso textil: algodón, lino ◆ Labranza o cultivo de la tierra ◆ Sector de la actividad económica

que comprende la producción de cereales y de oleaginosas.

AGROPECUARIA: actividad relacionada con la agricultura y la ganadería.

AL POR MAYOR: cuando la venta se realiza en cantidad grande ◆ Mayorista que compra al fabricante o importador en grandes cantidades.

AL POR MENOR cuando las cosas se venden menudamente y no en grandes cantidades. ◆ Venta al consumidor final en unidades.

ALCECOOP: ver **Asociación latinoamericana de centros de educación cooperativa.**

ALIANZA COOPERATIVA INTERNACIONAL: ACI ◆ Organización no gubernamental independiente que reúne, representa y ayuda a las organizaciones cooperativas en todo el mundo. Se fundó en 1895, sus miembros son cooperativas nacionales e internacionales de todos los sectores de actividad: agrícolas, bancarias, de crédito y ahorro, industriales, de seguro, pesca, vivienda, salud, servicios públicos, servicios sociales, turismo y consumo. Tiene 249 organizaciones de 93 países que representan a más de 1000 millones de personas. Las Naciones Unidas, en 1946, acordaron el estatuto consultivo siendo la primera organización no gubernamental. La función principal es promover, profundizar, asesorar y fortalecer a las cooperativas de todo el mundo. Desarrolla actividades regionales, nacionales e internacionales con el objeto de defender y extender los principios y valores del cooperativismo. Tiene su sede en Suiza. ◆ Alliance Coopérative Internationale.◆ International Cooperative Alliance.

AMARILLO: color cuyo significado representa el sol fuente de la energía, vida y calor, como componente del símbolo internacional del cooperativismo.

AMORTIZACIÓN: acción y efecto de amortizar. ◆ Cantidad de dinero que se entrega para cancelar una deuda, préstamo u obligación, sea en forma periódica o no. ◆ Procedimiento que permite extinguir una deuda. ◆ Recuperar o compensar los fondos invertidos en alguna empresa. ◆ Extinguir una cuenta por aplicaciones periódicas. ◆ Proceso de cancelación de una obligación mediante el pago de cuotas, que en general contienen, cada una de ellas, una parte de capital y una de interés. ◆ Es un proceso contable por el cual el valor del bien utilizado en la explotación es imputado como gasto entre los distintos períodos contables que abarca su vida útil probable. Esta imputación como gasto se origina en la consideración tanto del deterioro producido por el uso, como de la obsolescencia a consecuencia de la pérdida de

rendimiento comparativo con el desarrollo de nuevos productos y otras causas no relacionadas con la condición física del bien. A los efectos de la amortización, hay que tener en cuenta los siguientes elementos: 1) los años probables de vida útil; 2) el valor probable de recupero; 3) el método de cálculo de la cuota de amortización; 4) el tratamiento contable de las amortizaciones.

ANÁLISIS CONTABLE: conjunto de los procesos que permiten fundamentar y explicar los resultados de un ente mediante un análisis minucioso de fórmulas y/o índices.

ANÁLISIS DE COSTOS: procedimiento planificado para determinar la forma más económica y exacta posible de fabricar un producto o prestar un servicio, teniendo en cuenta todos los factores y elementos que pueden intervenir en la estructura de costos.

ANÁLISIS DE ESTADOS CONTABLES: estudio analítico del balance general, estados de resultados, estados financieros, estados patrimoniales y cualquier otro cuadro que refleje la posición patrimonial, financiera y económica de una empresa. Es de uso habitual la aplicación de índices para interpretar los mencionados cuadros.

ANÁLISIS FINANCIERO: uso de técnicas determinadas para verificar los documentos financieros de una empresa y para examinar los movimientos de fondos, bienes y servicios propios de la empresa y la influencia de los externos.

AÑO INTERNACIONAL DE LAS COOPERATIVAS: el 2012 ha sido declarado como tal por la Organización de las Naciones Unidas (ONU).

APERTURA DE CUENTA BANCARIA: solicitud que se presenta ante una entidad bancaria con el objeto de abrir una cuenta corriente en dicho banco. Para ello, deben cumplimentarse los requisitos exigidos.

APERTURA DE LIBROS: registro de las cuentas patrimoniales en el libro diario y su posterior pase al libro mayor en razón del inicio de una actividad, reorganización societaria o con motivo de instalarse un nuevo sistema contable. ◆ También se utiliza en un nuevo período contable. ◆ Abrir los libros.

APODERADO: ver **Poder.**

APORTES NO DINERARIOS: aportes que se realizan mediante bienes, cuya valuación se efectúa en la asamblea constitutiva. En caso de que se aportaran posteriormente por acuerdo entre el asociado aportante y el Consejo de Administración debe ser sometido a la asamblea. Los bienes son determinados y susceptibles de ejecución forzada.

ARANCEL: precio a que debe venderse una cosa o a cobrarse por un servicio, y también por la entrada o salida de mercaderías, dispuesto por reglamento de organismo público. ◆ Es el reglamento hecho por autoridad pública, donde se señala el precio al que deben venderse las cosas o los derechos que deben pagarse por ciertos servicios o trabajos, ya por la entrada, salida o pasaje de mercaderías *(J. Escriche).*

ARTESANADO: sistema industrial vigente durante la Edad Media y en el que prevalecía el trabajo manual. El principio de división del trabajo, la personalización de las tareas, la pequeña o nula influencia tecnológica, conforman los elementos fundamentales de este sistema.

ASALARIADO: trabajador que presta servicios bajo relación de dependencia y que percibe una retribución o salario, como una contraprestación de la dación de su aporte a las tareas asignadas, como consecuencia del contrato de trabajo o relación laboral.

ASAMBLEA: reunión de accionistas o asociados o socios que pertenecen a personas jurídicas con el fin de tratar temas que hacen a la actividad de la citada persona jurídica y de acuerdo con las normas legales y el estatuto. La asamblea expresa o manifiesta la voluntad social. ◆ Junta.

ASAMBLEA CONSTITUTIVA: asamblea que se lleva a cabo por única vez en el momento de creación de una cooperativa. Debe pronunciarse sobre: 1) informe de los iniciadores; 2) proyecto de estatuto; 3) suscripción e integración de las cuotas sociales; 4) designación del consejo de administración y del síndico.

ASAMBLEA DE OFICIO: asamblea que se celebra cuando la autoridad de aplicación o quien corresponda convoque y asista a una asamblea extraordinaria con la finalidad de solucionar o corregir las irregularidades en el desarrollo y financiamiento de la cooperativa.

ASAMBLEA EXTRAORDINARIA: asamblea a la cual se convoca a los asociados con el objeto de resolver determinados aspectos que superen las posibilidades de acción del Consejo de administración o por expresa disposición de estatuto. ◆ Reunión que se realiza cuando las circunstancias lo requieran y tratan cualquier asunto de competencia de la Asamblea ordinaria, existiendo razones de imperiosa necesidad y urgencia.

ASAMBLEA GENERAL: máxima autoridad de la cooperativa y sus decisiones son obligatorias para todos los asociados ◆ Reunión de socios constituida con el objeto de deliberar y adoptar acuerdos sobre aquellos asuntos que, legal o estatutariamente, sean de su competencia, vinculando las decisiones, adoptadas a todos los socios de la cooperativa. ◆ Reunión de los socios de la cooperativa, convocada según las formalidades del precepto, a los efectos de expresar la voluntad de social, mediante resoluciones, en el ámbito de sus competencias *(S. Reyes Lavega y otros).* ◆ Es el órgano de mayor jerarquía de la cooperativa.

ASAMBLEA GENERAL - CARACTERÍSTICAS: las características más relevantes son: 1) imprescindible, no se conciba la existencia de una cooperativa sin asamblea, no sólo porque de ella emanan normas rectoras de la entidad sino también porque sólo a través de ella puede ejercitarse la democracia social; 2) soberanía, detenta y ejerce la autoridad suprema e independiente de la cooperativa y se manifiesta con el gobierno de la mayoría; c) sus facultades son indelegables, no puede delegar sus facultades atribuidas por la ley o la reglamentación, o reservadas por el estatuto o el reglamento en otro órgano social; y d) no es permanente, sólo funciona cuando es convocada conforma con la normatividad que la rige *(E. Cuesta).*

ASAMBLEA ORDINARIA: reunión a la que se convoca a los asociados de la cooperativa anualmente, a una fecha determinada para el tratamiento y/o aprobación de la memoria y los estados contables. Además se procede a la elección de consejos y síndicos en caso de corresponder ◆ Asamblea que se realiza dentro de un determinado plazo luego de cerrado el ejercicio con el objeto de aprobar los estados contables, la memoria, elegir consejeros, síndico y cualquier otro tema incluido en el orden del día.

ASISTENCIA SOCIAL: programas de ayuda a los sectores más vulnerables de la sociedad. Se ocupan de los indigentes por el hecho de serlo y, además, porque la sociedad tiene un compromiso ético con ellos.

ASISTENCIALISMO: doctrina que defiende que nada hay que hacer en términos de reformas estructurales y que reduce toda acción social a la aplicación de paliativos. Es adecuado y plausible ejercer una actividad asistencial en favor de los pobres, en tanto y en cuanto, en forma paralela, se elaboren instrumentos que ataquen las causas de la pobreza y de la marginalidad.

ASOCIACIÓN: convención por la cual dos o más personas ponen en común, de un modo permanente, sus conocimientos o su actividad con el fin de partir beneficios ◆ Ver **Sociedad.**

ASOCIACIÓN CIVIL: persona jurídica privada, constituida por un conjunto de personas llamadas asociadas, que no persigue un fin pecuniario y tiene como finalidad principal el bien común; posee patrimonio propio y por sus estatutos puede adquirir bienes y no debe subsistir exclusivamente por asignaciones del Estado *(O. Taleva Salvat)* ◆ Conjunto de asociados que constituyen una persona jurídica en cuya finalidad no existe el ánimo ni la vocación de distribuir los beneficios entre sus asociados.

ASOCIACIÓN DE LAS COOPERATIVAS ALEMANAS DE PRODUCCIÓN Y ECONÓMICAS: en el año 1864 se creó este tipo de cooperativa basada en la autoayuda con notable éxito. Se conoce en dicha época como el "Catecismo del trabajador alemán", la idea de la autoayuda y en especial el pensamiento fundamental de las cooperativas de adquisición y económicas "de atraer al capital privado en lugar de que adopte una posición de enemigo, ofreciéndole las garantías necesarias como negocio y que van implícitos en la naturaleza misma de la sociedad". Ya en Alemania en 1921 existían alrededor de 22000 cooperativas de créditos, 1739 cooperativas de materias primas, 246 cooperativas de talleres, 108 cooperativas de almacenes y 111 de materias primas y almacenes.

ASOCIACIÓN ENTRE COOPERATIVAS: las cooperativas pueden asociarse entre sí para el mejor cumplimiento de sus fines. Cuando sus objetos sociales fuesen comunes o complementarios pueden incorporarse o fusionarse.

ASOCIACIÓN LATINOAMERICANA DE CENTROS DE EDUCACIÓN COOPERATIVA: (ALCECOOP).♦ Institución con sede en Colombia, que tiene por objeto: 1) Promover el desarrollo y la consolidación de cooperativas y otras formas asociativas y solidarias de América Latina; 2) generar e impulsar la metodología de la enseñanza y la investigación de los centros educativos; 3) contribuir al desarrollo cooperativo y a las demás ramas del conocimiento vinculadas con el mismo.

ASOCIACIÓN SOLIDARIA: organización social que se inspira en una actitud humana, por medio de la cual el hombre se identifica con las necesidades y aspiraciones de sus semejantes, comprometiendo el aporte de sus recursos y esfuerzos para satisfacer aquellos de manera justa y pacífica.

ASOCIADOS: todos aquellos componentes o miembros de una cooperativa, se incluyen a las personas físicas o jurídicas. Es inadecuado utilizar el término socio por asociado. Las condiciones que deben reunir los asociados son las siguientes: 1) mayores de 18 años; 2) menores por medio de sus representantes y, 3) el derecho de ingreso no puede superar el valor de una cuota de capital social.

AUDITAR: revisar y verificar con detalle la contabilidad de una empresa u organización. ♦ Examinar la gestión económica de una entidad a fin de comprobar si se ajusta a lo establecido por la ley o la costumbre.

AUDITOR INTERNO: contador público que realiza tareas profesionales de auditoría en relación de dependencia con la empresa. Se caracteriza por su relación de dependencia con respecto a la empresa y opinión restringida.

AUDITORÍA: control selectivo, realizado por un grupo independiente del sistema a auditar, cuya finalidad es recabar información necesaria y suficiente para evaluar el funcionamiento y la operatividad de dicho sistema. ♦ En un sentido más amplio, es un proceso sistematizado de control, verificación y evaluación de los libros contables, registros, documentos y procedimientos operativos con el fin de comprobar la corrección de los registros y las operaciones pertinentes, verificar la documentación y su correspondencia con las operaciones y registros, y evaluar el cumplimiento de los distintos procedimientos del ente, haciendo conocer finalmente un informe del citado proceso.

AUDITORÍA CONTABLE: examen sobre la validez de la información contable, con propuestas sobre correcciones de datos y recomendaciones con el fin de mejorar el sistema, principalmente desde el punto de vista del control interno contable, y finalmente la elaboración de un informe sobre las irregularidades verificadas. ◆ Proceso realizado por un auditor que recurre al examen de libros, cuentas y registros de una empresa para precisar si es correcto el estado financiero de la misma y si los comprobantes están debidamente presentados.

AUDITORÍA EXTERNA: servicio de auditoria externa a cargo de un contador público inscripto en el registro pertinente, desde la constitución de la misma ◆ Control de los estados contables que realiza un profesional (contador público) del cual debe resultar la emisión de un dictamen o de un informe. Debe ser emitido por un contador público independiente ◆ Los entes cooperativos deben contar desde su constitución y hasta que finalice su liquidación, con un servicio de auditoría externa a cargo de un contador público inscripto en la matrícula respectiva ◆ Auditoría ejercida por profesionales independientes de la empresa a la que se audita.◆ Verificación del contrato que entraña la evaluación independiente de las cuentas y los estados financieros *(J. Stoner).*

AUDITORÍA INTERNA: cuando la auditoría está ejercida por personal que trabaja en relación de dependencia en la empresa que audita, debiendo ser ésta independiente de los elementos objeto de su examen. Puede ser contable, operativa o ambas a la vez. ◆ Función de evaluación independiente establecida en una organización para la revisión o control de sus actividades como un servicio a la dirección. Es un control que funciona midiendo y evaluando la confiabilidad y eficacia del sistema integral de control interno de la entidad con miras a lograr su mejoramiento *(Tercera Convención Nacional de Auditores Internos, 1982).*

AUTOAYUDA: ayudarse a sí mismo y unos a otros.

AUTOGESTIÓN: sistema de organización de una empresa según el cual los trabajadores participan activamente en todas las decisiones sobre su desarrollo, economía, funcionamiento, etcétera.

AUTONOMÍA E INDEPENDENCIA: principio mediante el cual las cooperativas son organizaciones autónomas de ayuda mutua, controladas por sus miembros. Si entran en acuerdos con otras organizaciones (incluyendo gobiernos) o tienen capital de fuentes externas, lo realizan en términos que aseguren el control democrático por parte de sus miembros y mantengan la autonomía de la cooperativa *(Declaración de Identidad Cooperativa).*

AUTORIDAD DE APLICACIÓN: institución que tiene a su cargo el control, el funcionamiento, la aplicación del régimen legal, la fiscalización pública, la promoción y el desarrollo de las cooperativas.

AVISO DE VENCIMIENTO: notificación previa a un vencimiento, remitida a los efectos de recordarle a su destinatario la proximidad del mismo, monto, día y lugar de pago.

AYUDA MUTUA: colaboración entre los asociados basada en la solidaridad, fraternidad y reciprocidad de sus miembros.

B

BALANCE: documento contable en el que se registran los elementos patrimoniales de un ente y que en un momento determinado expresa o manifiesta la riqueza o capital del mismo ◆ Tareas que se realizan a los efectos de expresar la razonabilidad o exactitud de las operaciones, o para determinar el resultado de una empresa o de una persona.

BALANCE GENERAL: el que expresa la situación desde el punto de vista patrimonial, económico y financiero, en forma global, de una empresa. Generalmente, es confeccionado al cierre del ejercicio contable y es presentado una vez cumplimentadas distintas formalidades.

BALANCE SOCIAL: consiste básicamente en reunir y sistematizar la información del área social, es un documento público, donde se pueden cuantificar los datos mediante el elemento básico, que son los indicadores sociales. Un control periódico de esta información, lo más amplio, preciso y objetivo posible, constituye un balance social *(H. Campos Menéndez)* ◆ Instrumento contable que sirve para el cierre de cuentas de la contabilidad social de la empresa *(S. García Echeverría)* ◆ Instrumento de gestión para planear, organizar, dirigir, registrar, controlar y evaluar en términos cuantitativos y cualitativos la gestión social de una empresa en un período determinado y frente a metas preestablecidas *(Organización Internacional del Trabajo).*

BALANCE SOCIAL COOPERATIVO: informe que emite una organización, cuya finalidad es brindar información metódica y sistemática referida a la responsabilidad social asumida y ejercida por ella. Constituye una herramienta para informar, planificar, evaluar y controlar el ejercicio de dicha responsabilidad en concordancia con la identidad cooperativa *(L. Fernández).*

BALANZA COMERCIAL: refleja los movimientos de importación y exportación de bienes con otros países. El saldo es favorable o positivo cuando las exportaciones superan a las importaciones, mientras que el saldo es negativo o desfavorable cuando las importaciones superan a las exportaciones ◆ Balanza de comercio.

BANCO COOPERATIVO: institución habilitada por el Banco Central (u organismo pertinente) a los efectos de realizar las operaciones y actividades financieras, y las afines con el desarrollo del cooperativismo ◆ Entidad financiera que pertenece a sus miembros, que son al mismo tiempo, los propietarios y los clientes de su banco. La creación de este tipo de entidad emerge de las comunas, pequeñas asociaciones o grupos de profesionales.

BANDERA DEL COOPERATIVISMO: la bandera de la cooperación está formada por los colores del arco iris, que simbolizan los ideales y objetivos de paz universal, la unidad que supera las diferencias políticas, económicas, sociales, raciales o religiosas y la esperanza de humanidad en un mundo mejor, donde reine la libertad, la dignidad personal, la justicia social y la solidaridad. Tiene los siete colores del arco iris, en franjas horizontales, que simbolizan su carácter universal y pluralista, a través de los hombres de todos los credos e ideas que se unen para trabajar por el bienestar general. En ella se recogen los colores de todas las banderas del mundo y es el único símbolo de carácter universal del movimiento. En las fiestas de la cooperación ondea junto a los pabellones nacionales de todos los países afiliados a la Alianza Cooperativa Internacional. Al colocar la bandera en el mástil, el color rojo debe ir hacia arriba, por decisión de la Alianza Cooperativa Internacional en su reunión de año 1925. ◆ Representa un símbolo de la cooperación, está conformada por los colores del arco iris, en franjas horizontales. A continuación se enuncia el significado de cada uno de ellos: 1) Rojo, representa el fuego, la amistad y el amor que une a los seres humanos; 2) Amarillo, expresa el color del sol que brinda luz, calor y vida; 3) Naranja, simboliza el esplendor de un amanecer fulgurante de los distintos aspectos y objetivos de cada cooperativa; 4) Celeste, expectativa e ilusión de vida basada en la estimulación del color del cielo; 5) Verde, representa la ilusión de un mundo mejor, solidario y fraternal; 6) Azul marino, significa el valor para abrir nuevos caminos y senderos basados en la fe y solidaridad y 7) Violeta, expresa la humildad para acercarnos al prójimo sin intereses ni egoísmos, por el contrario con los brazos abiertos. La propuesta fue presentada por Charles Gide en la reunión de la Alianza Cooperativa Internacional, ◆ Bandera Internacional de la cooperación.

BANDERA INTERNACIONAL DEL COOPERATIVISMO: ver **Bandera del cooperativismo.**

BASE DE LA COOPERACIÓN: la unión hace la fuerza.

BELLERS JOHN: (1654-1725) presentó en 1685 su doctrina en su obra: "Proposiciones para la creación de asociación de trabajo de todas las industrias útiles y de la agricultura".

BENEFICENCIA: toda acción que favorece a alguien que necesita ayuda. En la actualidad, tiende a asumir formas más organizadas y trata de morigerar los problemas sociales específicos que derivan de la escasez de recursos económicos. Normalmente, se instrumenta mediante el conjunto de entidades sin fines de lucro.

BENEFICIARIOS: los que reciben los beneficios de las organizaciones no lucrativas.

BENEFICIO ECONÓMICO COOPE-RATIVO: aquel que los cooperados obtienen al satisfacer económico con una necesidad propia *(I. Espinosa)* ◆ No todo beneficio económico es lucro ◆ Ver **Lucro.**

BENEFICIOS FISCALES: beneficios consistentes en desgravaciones, deducciones o exenciones impositivas, que se otorgan a empresas, generalmente dedicadas a la producción industrial, con la finalidad de estimular zonas geográficas o determinadas ramas de la actividad económica. También pueden incluir a todas las entidades sin fines de lucro.

BIEN: cualquier objeto como artículo de comercio, mercancía, mercadería, materia prima, insumo, producto en elaboración o producto elaborado o terminado, elemento del activo fijo (maquinaria, inmueble, etc.).◆ Es un objeto material considerado desde el punto de vista de su apropiación actual o virtud ◆ Cosa reconocida como apta para la satisfacción de una necesidad humana y disponible para esta función *(C. Merger)* ◆ Ver **Bienes.**

BIEN COMÚN: bien cuya propiedad no es atribuible privativamente a ningún sujeto, pero cuyo uso puede ser de cualquiera ◆ El conjunto de condiciones de la vida social que hace posible a cada uno de sus miembros el logro más pleno y más fácil de su propia perfección. Es el fin que centra la vida de la sociedad civil o comunidad política, anima la autoridad del gobierno y da sentido a la ley como instrumento de acción del poder y del orden político *(L. Sánchez Agesta)* ◆ Manifestación de realización en obras de interés social.

BIENES: cosas materiales suscepti- bles de apropiación y todo derecho que forme parte integrante del patrimonio.

BIENES DE CAMBIO: bienes des- tinados a la venta en el curso habitual de la actividad del ente o que se encuentran en proceso de producción para dicha venta o que resultan generalmente consumidos en la producción de los bienes o servicios que se destinan a la venta, así como los anticipos a pro- veedores por las compras de estos bienes. El rubro está compuesto, básicamente, por: mercaderías, productos terminados, productos en proceso, materias primas, ma- teriales y accesorios y anticipos a proveedores, estos últimos, en forma errónea para la mayor parte de la doctrina, ya que constituyen créditos. Ésta es una enumeración no taxativa.

BIENES DE USO: aquellos bienes tangibles, cuya vida útil estimada es superior a un año, destinados a ser utilizados en la actividad de la empresa y no a la venta habitual, incluyendo a los que están en construcción, tránsito o montaje y los anticipos a proveedores por compras de estos bienes. Los bie- nes afectados a locación o arrenda- miento se incluyen en inversiones, excepto en el caso de entes cuya actividad principal sea la locación o arrendamiento.

BIENES INTANGIBLES: bienes de carácter no físico o corpóreo, susceptibles de generar futuros ingresos, tales como privilegios, o franquicias u otros similares. ◆ Ac- tivos no destinados a la venta, que reúnen, entre otras, las siguientes características: a) no son tangibles, ya que no se trata de bienes físicos; b) normalmente no se transforman en otros bienes; c) no son incluidos en otros rubros específicos no tangibles del activo, como lo son los créditos, las participaciones en sociedades, etc.; d) deben amor- tizarse aquellos a los que se les puede atribuir una probable vida útil y e) expresan un valor cuya exis- tencia y mantenimiento depende de la posibilidad de producir ingresos futuros, como ocurre con el resto de los activos. ◆ No tienen, a los efectos de su amortización, valor residual. ◆ Incluye a los bienes inmateriales propiamente dichos y a los cargos diferidos.

BIENES SOCIALES: aquellos bienes que pertenecen a la sociedad, a la comunidad de intereses con- formada por los asociados y que no responden a las posesiones individuales.

BIENES TANGIBLES: bienes físicos o corpóreos susceptibles de apro- piación física.

BIENIO: período de dos años de duración.

BLANC JEAN JOSEPH LOUIS: (1812 – 1882) estadista, escritor e historiador francés. Sus obras trascendentales fueron "Historia de los diez años" y "La organización del trabajo". En 1848 fue integrante del gobierno provisional, posteriormente tuvo que emigrar. Regresó a Francia en 1871. Se destacó por sus ideas de tendencias sociales. Procuró desarrollar y poner en práctica las ideas asociacionistas de la escuela antigua. Los talleres nacionales ensayados en París, Francia, fueron idea de él. Representó el principio de la tutela del estado. El beneficio resultante debía emplearse en la constitución de asociaciones de producción dirigidas por el Estado. Procuró utilizar el Estado moderno como instrumento y ayuda para adquirir sus fines socialistas. La obra próxima consistía en suprimir la libre concurrencia y en la incorporación al Estado de los medios de explotación.

BOLSA DE TRABAJO: *Robert Owen* en la búsqueda incesante de la realización de sus pensamientos reformistas propuso la formación de un nuevo "Sistema socioeconómico laboral, denominado "Bolsa de trabajo", mediante el cual pretende erradicar el dinero como medida de valor real para el trabajo. Esta bolsa se implementaría a través del intercambio de bienes elaborados por los trabajadores y la entrega de los mismos. La cuantificación y el pago de un precio justo se efectuaría mediante un "Bono de trabajo" creado para dicho propósito. Este bono tendría un valor nominal equivalente a las horas empleadas en la elaboración del producto. Es decir, el bono estaba pensado para eliminar el dinero como medida del valor trabajo. *Owen* consideraba que el elemento, único causante de los desequilibrios e injusticias sociales en una sociedad era el dinero.

BONO COOPERATIVO: título emitido por algún tipo corporativo con el objeto de otorgar créditos a los asociados. Generalmente se emite con un interés reducido, plazo corto y monto de acuerdo con la magnitud de la cooperativa.

BONO DE TRABAJO: ver **Bolsa de trabajo.**

BRISBANE ALBERT: nació en 1809 en los EE.UU. Sus ideas quedaron reflejadas en su obra "El Destino social del hombre". Discípulo notable de C. Fourier. Sus ideas penetraron en vastos sectores. de los EE.UU.

BUCHEZ PHILLIPE JOSEPH BUYAMEN: (1796 – 1865). Escritor, penalista y político francés que escribió: Teoría de la formación de la nacionalidad francesa; Tratado de política y ciencia social; Introducción a la ciencia de la historia. Trató de imponer y desarrollar las ideas asociacionistas. Dedujo que la información de asociaciones de producción era el medio de llegar poco a poco a un estado socialista y trabajó para poner en movimientos a los obreros para que con sus ahorros generaran empresas independientes. Fue el principio del mutuo auxilio a favor del cual en 1849 se pronunció en Alemania, Herman Schulze Delitzsh (1808 - 1883) pero sin propósitos socialistas.

C

CAJA CHICA: cantidad de dinero disponible en efectivo utilizada para gastos menores. A medida que se consume y se rinde cuenta de los gastos efectuados se reponen los fondos. En su constitución, se debita la cuenta por el importe correspondiente contra Caja o Bancos y se la acredita por cada rendición de gastos. ◆ Caja menor.

CAPACIDAD DE PAGO: principio de tributación según el cual los gravámenes o impuestos deben ser aplicados en relación con la renta o el patrimonio de los contribuyentes. A mayor ganancia o fortuna, mayores impuestos. Esta relación puede ser de carácter progresiva, regresiva o proporcional. En el primer caso, la tasa impositiva aumenta a medida que aumentan los importes gravados. En el segundo, la tasa impositiva disminuye con el aumento de los montos sujetos a impuesto. Y finalmente, en la tercera opción se aplica siempre una misma tasa porcentual sobre los montos imponibles. ◆ Posibilidad teórica de que una persona o empresa pueda afrontar un compromiso determinado frente a lo que parecen sus medios más probables.

CAPACIDAD LEGAL: cualidad específica otorgada a los individuos por las normas legales vigentes a fin de posibilitar el ejercicio de los derechos civiles, sociales y políticos que les han sido reconocidos.

CAPACITACIÓN COOPERATIVA: esfuerzo y acción imprescindible en el movimiento cooperativo con el objeto de mejorar y establecer la información, el conocimiento y el crecimiento doctrinario.

CAPITAL: el constituido por cuotas sociales indivisibles y de igual valor. El mismo debe constar en acciones representativas de una o más cuotas que revisten el carácter de nominativas ◆ Ver **Capital social.**

CAPITAL COOPERATIVO: reunión de los aportes de los asociados. Cuando ingresan, los asociados aportan dinero y reciben las acciones cooperativas o las cuotas sociales. El mismo cuenta con las siguientes características: 1) cuotas indivisibles de igual valor; y, 2) las acciones representan una o más cuotas sociales.

CAPITAL FINANCIERO: capital invertido por los socios o accionistas, medido en moneda constante. ◆ Está dado por la suma de dinero y bienes con que opera. ◆ Medida de un bien económico referido a la época en que es disponible. Por lo tanto, todo capital financiero viene determinado por el importe del capital y el momento de su disponibilidad o vencimiento. ◆ El capital se mide en términos de bienes y servicios en general. El capital a mantener está dado por la valuación del patrimonio neto en unidades monetarias. Si se adopta este criterio y se valúan los activos y pasivos a valores corrientes se tienen: resultados por transacciones y resultados por tenencia *(F. Casals).*

CAPITAL REALIZADO: capital que está representado por los aportes efectuados por los asociados que previamente han suscripto, más las cuotas distribuidas como retornos. Son cuotas industriales y nominativas ◆ Capital integrado ◆ Capital social.

CAPITAL SOCIAL: está compuesto por el equivalente a las aportaciones ordinarias, bienes muebles e inmuebles, capacidad profesional, la fuerza productiva y los aportes en derechos e industria, que realicen los asociados. Representado en certificados de aportación por igual valor nominal, y le corresponde a la asamblea de asociados o de delegados, ampliar o reducir el capital social, cuando así lo crea necesario *(L. Mayorga)* ◆ Mecanismos de la organización social tales como las redes, normas y la confianza social que facilita la coordinación y cooperación para beneficios mutuos *(Putnam)* ◆ El constituido por los aportes de los socios ◆ Ver **Capital.**

CAPITAL SUSCRIPTO: representa el compromiso de los asociados a integrar en la cooperativa.

CAPITALISMO: sistema económico en el cual el capital está en posesión de personas privadas; el trabajo se realiza con el fin de lograr una recompensa material en función de un régimen de libre competencia y contratación.

CARÁCTER PRIVADO: la cooperativa es una sociedad de carácter privado, debido a la iniciativa particular. En algunos países, como excepción puede existir una participación estatal.

CARACTERÍSTICAS DE UNA COOPERATIVA: 1) tiene capital variable; 2) duración ilimitada, reconocen un interés limitado a las cuotas sociales, si el estatuto autoriza aplicar excedentes a alguna retribución al capital; 3) en general, distribuyen los excedentes en proporción al uso de los servicios sociales; 4) establece la irrepartibilidad de las reservas sociales; 5) limitación de la responsabilidad de los asociados al monto de las cuotas sociales suscriptas; 6) presta servicios a sus asociados y a no asociados en las condiciones ya establecidas y, 7) se fija un destino desinteresado del sobrante patrimonial en el caso de liquidación.

CARGAS SOCIALES: erogaciones originadas por el cumplimiento de la legislación laboral, previsional y social. Representan los costos, a cargo de la empresa, por contratar personal en relación de dependencia y que deben aportar adicionalmente a las remuneraciones de sus empleados. Dentro de estos conceptos se encuentran las contribuciones al sistema de previsión para la jubilación, al sistema de atención sanitaria, o médica y a otras atenciones de carácter social. Usualmente, corresponde determinarlas mediante un porcentaje de las remuneraciones liquidadas al personal en relación de dependencia.

CARTA DE CRÉDITO: instrumento comercial mediante el cual una persona solicita a un banco local que por medio de otro ubicado en el extranjero le abone –bajo el cumplimiento de ciertas condiciones– un importe determinado a otra persona ubicada en el extranjero. La carta de crédito puede tener ciertos aditamentos tales como: a) Plazo: emitida a la vista, a tantos días vista (plazo: 30, 60 días, etc.) o a tantos días fecha; b) Confirmada: el banco del exterior se compromete a pagar y, c) Irrevocable: cuando el abridor de la carta de crédito no puede revocarla mientras esté en vigencia la misma.

CÁRTEL: acuerdo convenido entre empresas con el fin de controlar el mercado de un producto, por el cual se establecen precios mínimos, condiciones de venta o un reparto de mercados. Bajo esta forma, las empresas mantienen su individualidad; la monopolización afecta sólo a la parte comercial ◆ Organización federativa que permite la subsistencia de empresas individuales que solamente renuncian al incorporarse a ésta a una parte de su autonomía industrial o comercial *(J. Seoane)*.

CARTERA: tenencia propia de documentos comerciales ◆ Nómina de clientes propios ◆ Conjunto de inversiones financieras.

CARTISTAS: obreros que sostenían, cuando se introdujo el maquinismo que la implantación del sufragio universal traía aparejado que las leyes beneficiaran al pueblo ◆ Ver **Teetotalers.**

CAUDAL: dinero, moneda. ◆ Capital o fondo ◆ Hacienda, bienes de cualquier especie y generalmente dinero.

CENTRALISMO: sistema de organización de un estado, cuyas decisiones gubernamentales son únicas y proceden de un mismo centro, independientemente de las diferencias culturales, étnicas, etcétera, de sus convivientes. ◆ Sistema en que la acción política, organizativa y administrativa está concentrada en un gobierno central que asume las funciones y toma decisiones por los organismos locales.

CERTIFICACIÓN: documento o certificado en el cual se afirma o se da una cosa por cierta, normalmente avalado por la autoridad competitiva.

CERTIFICADO LITERAL: cuando el contador público informa que los estados contables certificados se hallan transcriptos en los registros contables rubricados; los que cumplen en sus aspectos formales con las normas legales vigentes.

CERTIFICADO PRIVADO: certificado expedido por instituciones no oficiales.

CERTIFICADO PÚBLICO: certificado expedido por instituciones oficiales.

CESANTÍA: que disfruta el empleado cesante, de acuerdo con las normas legales, en quien concurren determinadas circunstancias ◆ Cesación por orden de un superior competente de un empleo, un cargo o un destino.

CESIÓN DE CRÉDITOS: la que se produce cuando una de las partes (cedente) se obliga a transferir a la otra, (cesionario) el derecho que le compete contra su deudor, entregándole el título del crédito si existiese.

CHEQUE: orden de pago pura y simple, librada contra un banco en el cual el librador tiene fondos depositados a su orden en cuenta bancaria o autorización para girar en descubierto. El domicilio del banco contra el cual se libra el cheque (girado) determina la ley aplicable. El domicilio que el titular de la cuenta tenga registrado en el banco podrá ser considerado domicilio especial a todos los efectos legales derivados de la emisión del cheque ◆ Es un título cambiario, librado a la vista y sobre una cuenta abierta por un banquero que ha autorizado su emisión, expresa o tácitamente *(Supino y De Santo).*

CHEQUE A LA ORDEN: el emitido a la orden de una determinada persona. Puede ser transferido por simple endoso. En el supuesto de que el endoso sea en blanco, el cheque se transforma en uno al portador, mientras que si figura el nombre del endosatario ha de ser reendosado por éste para su posterior transferencia.

CHEQUE NO A LA ORDEN: el emitido a favor de una persona determinada, con el aditamento no a la orden. Se contempla en algunas legislaciones y no admite endoso, excepto para su depósito.

CICLO ECONÓMICO: secuencia más o menos regular de recuperaciones y recesiones de la producción real en torno a la senda tendencial de crecimiento de la economía *(Mochón y Beker).*

CÍRCULO DE DOS PINOS Y EL SOL: símbolo que representa el apoyo recíproco en la figura de los dos pinos y la cooperación y solidaridad en el verde de ellos y en la luz del sol.

CIUDADANO: natural o vecino de una ciudad. Quien posee los derechos para formar parte del gobierno de un país ◆ Quien es capaz de gobernar y de ser gobernado *(Aristóteles).*

CIVISMO: cuidado y celo por los intereses y las instituciones de una nación. Es la actuación consciente y esclarecida del ciudadano en el seno de la comunidad, mediante el cumplimiento de sus deberes de ciudadano y de su esfuerzo en contribuir para el progreso de su país.

CLASES DE COOPERATIVAS: ver **Modalidad.**

CLUB DE COMPRA: asociación de tipo informal conformada por un grupo pequeño de personas que se ocupa de cumplimentar los pedidos efectuados por los consumidores. Es un paso previo a la organización de una cooperativa de consumo.

CO-OPERATIVE WHOLESALE SOCIETY: almacén al por mayor de Manchester, una cooperativa de cooperativas. Sirvió para unir a todas las cooperativas detallistas. Se constituyó el 11 de agosto de 1863. Su primer presidente fue Abraham Greenwood.

CÓDIGO: conjunto de normas legislativas reunidas en un solo cuerpo jurídico, con el fin de facilitar el ordenamiento de una determinada rama de derecho ◆ Número o símbolo que se anota en un registro, cuenta, comprobante o documento que sirve para distinguirlo del resto.

CÓDIGO DE BARRAS: código legible en una máquina que consta de conjuntos de barras de anchos variables. Los códigos se muestran en el empaquetado o directamente en el producto al menudeo y normalmente se leen con lectores ópticos.

CÓDIGO HERMOGENIANO: parece ser el complemento del Gregoriano, al cual sigue. Sólo está dividido en títulos, reuniendo constituciones desde Diocleciano hasta Valentiniano I, desde 291 hasta 365.

COGESTIÓN: participación de los trabajadores en la dirección de una empresa. En el plano doctrinal y en el legislativo se acrecientan los avances hacia una socialización de las empresas privadas, más allá de lo que pueda ocurrir. Para algunos, los fundamentos de este instituto, son de orden moral y político, pues hace desaparecer el estado de subordinación y dependencia de los trabajadores, elevándolos a la condición de colaboradores libres, responsables y permanentes del empresario, llevándole sus incentivos y aspiraciones, experiencias y opiniones, lo que redunda en beneficio de toda la empresa.

COLAC: ver **Confederación latinoamericana de coooperativas de ahorro y crédito.**

COLACOT: ver **Confederación latinoamericana de cooperativas y mutuales de trabajadores.**

COLECTIVISMO: doctrina que tiende a eliminar la propiedad privada y a transferirla a la colectividad ◆ Ver **Colectivismo económico.**

COLECTIVISMO ECONÓMICO: supresión o extinción de la propiedad privada individual de los medios de producción y su transferencia a la colectividad con el objeto de su futura utilización ◆ Sistema económico en el cual los medios de producción constituyen una propiedad colectiva y se elimina la propiedad privada ◆ Sistema económico basado sobre la propiedad social de los medios de producción, denotando como propiedad social la que pertenece al Estado o a cooperativas de trabajadores o consumidores. La propiedad es estatal y la cooperativa, en efecto, es la forma del control socialista o colectivista sobre los instrumentos de producción *(J. H. Olivera).*◆ Doctrina que defiende la propiedad pública y tiende a suprimir la propiedad privada, transferirla a la colectividad y confiar al Estado la distribución de la riqueza.

COLISIÓN: pugna u oposición de ideas, intereses, principios, entre determinadas personas o grupos.

COLONATO: antiguo régimen de explotación del suelo según el cual el propietario terrateniente instala en una tierra a un colono que la explota bajo su vigilancia. En la mayoría de los casos, el colono no puede percibir más que una parte de la cosecha o de ciertas cosechas o productos de la aparcería.

COMERCIANTE: todo individuo que, teniendo capacidad legal para contratar, ejerce por cuenta propia actos de comercio, haciendo de ello su profesión habitual ◆ Negociante.

COMERCIO: todas las operaciones de compraventa a título oneroso de bienes, derechos y servicios.

COMISIÓN: operación jurídica por la cual una persona, llamada comisionista, debe efectuar una o más operaciones comerciales por cuenta de otra, designada con el nombre de comitente ◆ Remuneración que cobra un comisionista por un servicio prestado, vinculada a las ventas, compras, cobranzas o intervenciones bancarias, generalmente basada en un porcentaje sobre las cantidades relacionadas con la operación ◆ Cuando la persona se desempeña por otros negocios, individualmente determinados, obra a nombre propio o bajo la razón social que representa.

COMISIÓN FISCALIZADORA: órgano colegiado que se ocupa de la fiscalización interna que de acuerdo con las normas legales puede sustituir a la sindicatura personal.

COMITÉ EJECUTIVO: sector ejecutivo del Consejo de Administración que puede ser creado por el estatuto o reglamento ◆ Mesa directiva.

COMPAÑÍA DE PRÉSTAMOS Y CONSTRUCCIONES: primera organización con espíritu cooperativo moderno, creado en Guayaquil, Ecuador, en 1910. Luego de variados esfuerzos se dicta en Ecuador en 1937, la primera ley de Cooperativas. Pero en realidad, el gran impulso cooperativo se alcanza en 1961, con la creación de la Dirección General de Cooperativas y su ingreso en el movimiento cooperativo mundial.

COMPETENCIA: disputa o contienda por la conquista de un mercado ◆ Se aplica cuando en un mercado existe un gran número de oferentes y de demandantes y en el que ninguna empresa puede alterar el precio de mercado ◆ Aptitud de una autoridad pública para realizar actos jurídicos ◆ Concurso de precios y ofertas ◆ Esfuerzo de una o más partes que actúan independientemente, para obtener la preferencia de una tercera en los términos más favorables. La libertad de acción y el afán de beneficio personal son dos aspectos básicos. En cuanto una persona o una empresa obtienen ganancias superiores a lo normal, otros individuos o empresas ingresan al mercado, de manera tal que abaratan el producto y redistribuyen las ganancias. ◆ Forma de mercado, de una actividad o de un proceso social ◆ No debe ser entendida como simple coexistencia de un gran número de firmas en un mercado; sino que, más bien, habrá de referirse a la habilidad y a la voluntad de los productores para invadir con éxito los mercados ajenos ◆ Medida de jurisdicción asignada a un órgano del Poder

Judicial, que consiste en la determinación genérica de los asuntos en los cuales es llamado a conocer, en razón de la materia, la cantidad y el lugar ◆ Facultad exclusiva de la asamblea de considerar todo asunto que figure en el orden día. Generalmente se incluyen: 1) memoria, balance general, estado de resultados y cuadros anexos; 2) informe del síndico; 3) distribución de excedentes; 4) fusión o incorporación; 5) disolución; 6) cambio de objeto social; 7) participación de personas jurídicas de carácter público y, 8) asociación con personas de otro carácter jurídico.

COMPRA-VENTA MERCANTIL: contrato por el cual una persona, sea o no propietaria o poseedora de la cosa objeto de la convención, se obliga a entregarla o a hacerla adquirir en propiedad a otra persona que se obliga, por su parte, a pagar un precio convenido y la compra para revenderla o alquilar su uso. Sólo se considera mercantil la compra-venta de cosas muebles, para revenderlas al por mayor o menor, bien sea en la misma forma que se compraron o en otra diferente, o para alquilar su uso, comprendiéndose la moneda metálica, títulos de fondos públicos, acciones de compañías, papeles de crédito comerciales y bienes de cambio. Si no existiese estipulación en contrario, los gastos ocasionados hasta poner la mercadería pesada y medida a disposición del comprador son a cargo del vendedor en cambio, los de su recibo o transporte son a cuenta del comprador.

COMPROBANTE: documento que comprueba un desembolso de dinero o que sirve de evidencia para autorizar un pago. ◆ Evidencia documental. ◆ Justificante.

COMPROMISO CON LA COMUNIDAD: principio mediante el cual la cooperativa trabaja para el desarrollo sostenible de su comunidad por medio de políticas aceptadas por sus miembros *(Declaración de Identidad Cooperativa)*.

COMUNA: conjunto de individuos que viven en total comunidad económica, sexual, etcétera, al margen de las convenciones sociales ◆ Forma de organización económica y social fundada en la propiedad colectiva, con exclusión total de los valores tradicionales.

COMUNALISMO: sistema de propiedad de la tierra, abastecimientos u otros objetos, que se opone al de la propiedad privada o individual ◆ Teoría de gobierno basada en un máximo de autonomía para todos los grupos minoritarios locales.

COMUNIDAD: congregación de personas que conviven y se someten a ciertas reglas.

COMUNIDADES CAMPESINAS: expresión rural de grandes civilizaciones preindustriales con estructuras de clases y complejidad económica, en las cuales se han desarrollado el comercio, las artes y los oficios especializados; el dinero circula de mano en mano y las tendencias del mercado constituyen la coronación de muchos esfuerzos del productor.

COMUNISMO: doctrina económica social opuesta al individualismo y a sus manifestaciones sobre el respeto a la propiedad privada, la familia y la religión. Sustenta la colectivización de los medios de producción y la subordinación de los bienes y los derechos a las necesidades del Estado, representante del interés general. Proviene de los conceptos de riqueza enunciados en las teorías económicas de algunos filósofos griegos, como Licurgo, Platón, Pitágoras, Epicuro, y avanza hacia diversas teorías utópicas, entre las que se destacan la de Tomás Moro y la de Tomás Campanella. En el siglo XVIII, se pretende llevarlo a la práctica de carácter político, que luego sirve de base a Marx y a las teorías de Engels ◆ Hoy se entiende de manera corriente como el marxismo interpretado por los políticos rusos que realizaron la revolución de 1917 y que, con el nombre de bolchevismo, han aplicado en su país *(C. A. Quintero).*

CONACOOP: en Costa Rica, Consejo Nacional de Cooperativas. Organismo que desarrolla una labor esencialmente de integración, defensa y representación de todas las cooperativas del país.

CONALCOOP: en Panamá, Consejo Nacional de Cooperativas.

CONCENTRACIÓN: en realidad se trata de una concentración de activos sociales. No se trata de una fusión por absorción, siendo tan así que es un fenómeno inverso a ellas en cuanto se produce una desintegración de la sociedad aportante. La concentración consiste en la aportación de una sociedad a otra (existente o a constituir), pero con el efecto de que la sociedad aportante sobrevive, si bien su objeto queda limitado y modificado por sustracción, por el hecho de que el ejercicio del ramo de actividad a que el mismo se refiere queda, en todo o en parte, transferido a la otra sociedad. Es decir, la concentración se aplica, según *Messineo,* al caso de que la sociedad aportante tenga objeto complejo, esto es, ejercita varios ramos de comercio o de industria, de manera que, luego de la aportación, le queda todavía un objeto social a conseguir; en otro caso la sociedad aportante no tendría razón de sobrevivir y se daría lugar a la fusión ◆ Se aplica cuando los poderes de decisión se encuentran reunidos en los órganos superiores de la administración pública, o bien, cuando la agrupación de las facultades decisorias se opera en los órganos directivos de las entidades estatales descentralizadas *(J. C. Cassagne)*.

CONCENTRACIÓN ECONÓMICA: la palabra concentración abarca el movimiento que genera el crecimiento de las organizaciones económicas con el objetivo de aumentar el poder de control en los mercados. Se da a través de un proceso de absorción o unión de empresas que posibilita desarrollar la economía de escala ◆ Proceso económico que se caracteriza por el engrandecimiento de una unidad económica a expensas de otras menores, a las cuales absorbe.

CONFEDERACIÓN: institución de tercer grado que involucra a las federaciones de segundo grado.

CONFEDERACIÓN DE COOPERATIVAS DEL CARIBE Y CENTRO AMÉRICA: CCC-CA ◆ Organismo internacional con radio de acción regional. Su cede se encuentra en San José de Costa Rica y tiene una oficina en San Juan de Puerto Rico. Se creó en 1980, en el congreso desarrollado en San Juan. Sus objetivos más importantes son: promover el desarrollo; la integración cooperativa; y la defensa regional del cooperativismo.

CONFEDERACIÓN LATINOAMERICANA DE COOPERATIVAS DE AHORRO Y CRÉDITO: (COLAC). ◆ Organismo creado en 1970 en la Asamblea Constitutiva realizada en Panamá, con el objeto de lograr la integración regional en el área de ahorro y crédito. Tiene como finalidad la representación, el financiamiento y la asistencia técnica para el movimiento cooperativo de ahorro y de crédito.

CONFEDERACIÓN LATINOAMERICANA DE COOPERATIVAS Y MUTUALES DE TRABAJADORES: COLACOT ◆ Institución creada en 1975, en Caracas, Venezuela. Fue registrada en Colombia como entidad social de derecho privado sin fines de lucro. Se incluyen en la misma a las cooperativas, a las mutualidades y a las empresas asociativas solidarias de producción de América Latina y el Caribe de 20 países. El objetivo estratégico de la misma es el de fijar un referente a nivel internacional en defensa de los valores de un humanismo integral. El derecho al trabajo y a una digna seguridad social, el cuidado de los recursos naturales y un desarrollo integral de los países sin ningún tipo de tutela constituyen aspectos sustanciales para eliminar la injusticia y la dependencia.

CONGRESO DE LA ALIANZA COOPERATIVA INTERNACIONAL DE PARÍS: en 1937 la ACI celebró el Congreso Nº15 en París. Se tomaron los acuerdos siguientes: 1) Los principios cooperativos son aceptados como doctrinas del movimiento; 2) El principio inicial "devolución o bonificación sobre compra", se modificó por distribución de excedentes a los asociados, en proporción a las operaciones con la cooperativa; y, 3) Estableció dos categorías de principios: a) Principios esenciales (adhesión libre, control democrático, distribución de excedente en proporción a las operaciones); b) Principios recomendados (mentalidad política y religiosa, ventas al contado, fomento de enseñanza).

CONSEJO: corporación consultiva encargada de informar al gobierno sobre determinadas materias ◆ Cuerpo consultivo de compañías particulares.

CONSEJO DE ADMINISTRACIÓN: órgano ejecutivo de la Asamblea General, tiene carácter permanente ◆ Órgano que tiene a su cargo la dirección de las operaciones sociales de acuerdo con lo establecido en el estatuto, con aplicación supletoria de las normas del mandato ◆ Órgano elegido por la Asamblea para administrar y conducir las operaciones sociales y en general todas aquellas funciones que no estén reservadas para la Asamblea. ◆ En la Argentina, los consejeros deben ser asociados y no menos de tres, colegiado y permanente, la duración en el cargo no puede exceder tres años, salvo disposición en contrario del estatuto.

CONSEJO MUNDIAL DE COOPERATIVAS DE AHORRO Y CRÉDITO: asociación internacional de créditos creada en 1971 que incluye a instituciones, asociaciones o cooperativas de casi 100 países. Su objetivo es ayudar a sus miembros, establecer y mantener unidos a todos los miembros de unión de crédito de todos los países del mundo ◆ WOCCU.

CONSEJO NACIONAL DE COOPERATIVAS: organismo de grado superior del cooperativismo panameño. Tiene la representación, defensa, fomento, integración y consulta del movimiento obrero.

CONSENTIMIENTO: manifestación de voluntad de la persona en el acto constitutivo o por adhesión posterior.

CONSIDERANT VÍCTOR: nació en 1808, en los EE.UU. y falleció en 1893, su obra más trascendente es la "Doctrina social", en tres tomos, escrita entre 1836 y 1838, presentan claramente las ideas de C. Fourier. Fue perseguido políticamente y emigró a los EE.UU. Otras obras del autor: "Principios del socialismo" y "Exposición del sistema de Fourier".

CONSORCIO DE COOPERACIÓN: figura que tiene por objeto fundamental la participación de la pequeña y mediana empresa. Sus características fundamentales son: 1) no constituye una persona jurídica, no es sujeto de derecho ni una sociedad; 2) tiene una naturaleza contractual y su contrato puede concretarse por instrumento público o privado; 3) todos los contratos deben contener la información y requerimientos legales pertinentes; y, 4) existe una organización común con la finalidad de facilitar, desarrollar, incrementar o concretar operaciones relacionadas con la actividad económica de sus miembros, definidas o no al momento de su constitución, a fin de mejorar o acrecentar sus resultados.

CONSTITUCIÓN: cuerpo de normas jurídicas fundamentales del Estado, relativas a la institución, la organización, la competencia y el funcionamiento de las autoridades públicas, a los deberes, derechos y garantías de los individuos y al aseguramiento del orden jurídico que por ella se establece ◆ Orden jurídico básico que estructura la vida política de la Nación, en la medida en que asegura la organización del Estado en función de la libertad, la igualdad y la dignidad de sus habitantes *(O. Bravo).*◆ Ordenación fundamental que dicta normativa e institucionalmente, la organización y el ejercicio del poder político y los derechos y las libertades básicas de la persona y de sus grupos, en vistas al bienestar social *(P. L. Verdú).*◆ Sistema de normas establecidas o de reglas convencionales que regulan las relaciones entre los detentadores y los destinatarios del poder, así como la respectiva interacción de los diferentes detentadores del poder en la formación de la voluntad estatal *(K. Loewenstein)* ◆ Derecho fundamental que organiza una unidad social de vida política y que formaliza jurídicamente una organización de poder y un orden social.

CONSTITUCIÓN LEGAL: la cooperativa que se encuentra inscripta en el Registro de Cooperativas, con lo cual se satisface el registro de publicidad.

CONSTITUCIÓN REGULAR: cuando puede funcionar y se encuentra la cooperativa inscripta en el registro de la autoridad de aplicación.

CONSUMO: última etapa del proceso económico en el cual los bienes son consumidos en forma final y total, o aplicados a la producción de nuevos bienes.

CONTABILIDAD sistema técnico-administrativo de registración mediante el cual se llevan las cuentas y los registros de las diversas actividades y operaciones que realiza una persona jurídica (pública o privada), o física ◆ Este sistema tiene como objetivos: a) mediante una exposición ordenada y sistemática presentar la situación patrimonial, financiera y económica del ente; b) tener registros históricos de las operaciones realizadas con el fin de conocer antecedentes, cartera de clientes, créditos por cobrar, deudas por pagar, etcétera; c) permitir preparar presupuestos; d) entregar información para la administración y control de los negocios. "La contabilidad comprende un cuerpo de principios legales, industriales, comerciales y financieros que deben tenerse en consideración para determinar cómo, y en qué medida, las operaciones de un negocio afectan el valor de sus activos y el monto de sus pasivos, utilidades y capital" *(H. Finney).* ◆ "La finalidad esencial de la contabilidad es la de reunir e interpretar los datos financieros de las entidades comerciales para ofrecer a los administradores, inversores y demás personas y grupos interesados una adecuada guía, lograr determinaciones justas de derechos a la luz de las normas vigentes de conducta y relación económica y tener debidamente en cuenta las necesidades a corto y largo plazo de la organización" *(W.Paton).* ◆ "Un sistema contable es un medio para registrar, sumarizar y presentar en signos monetarios información relativa a un negocio" *(R. Anthony)*

CONTABILIDAD DE COSTOS: rama de la contabilidad general que comprende los movimientos, registros y análisis de las cuentas y partidas vinculadas a los costos de producción, sector fabril y de servicios, de distribución y sector comercial.

CONTABILIDAD SOCIAL: el proceso de selección de variables del comportamiento social de la empresa, las medidas y los procedimientos de medición, el desarrollo de información útil para la evaluación del comportamiento social y la comunicación de esa información a los grupos sociales interesados *(Ramanathan).*

CONTRATO: pacto o convenio entre partes que se obligan sobre una materia o cosa determinada y a cuyo cumplimiento pueden ser compelidas ◆ Existe cuando varias personas se ponen de acuerdo sobre una declaración de voluntad común destinada a reglar sus derechos. El consentimiento debe manifestarse por ofertas o propuestas de una de las partes o aceptarse por la otra. Puede ser expreso o tácito. Es expreso cuando se manifiesta verbalmente, por escrito o por signos inequívocos. Es tácito cuando resulta de hechos o de actos que lo presuponen o que autorizan a presumirlo ◆ Es un documento suscrito entre dos o más partes que se comprometen legalmente sobre materia o cosa determinada ◆ Cuando dos o varias personas se ponen de acuerdo con una declaración de voluntad común destinada a designar sus derechos.

CONTRATO DE AUDITORÍA: contrato bilateral, a título oneroso, consensual y conmutativo, en el que el auditor se obliga a emitir una opinión o a abstenerse de opinar sobre la información contenida en los estados contables luego de desarrollar un trabajo aplicando diversos procedimientos de auditoría mientras que el contratante se compromete a abonar su precio.

CONTRIBUYENTE: persona ideal o física, que se encuentra obligada, por imperio de la ley, a abonar gravámenes fiscales, impuestos o tributos. ◆ Es la persona a la cual se le asigna la producción del hecho imponible, es decir, en quien se constata en forma directa la situación prevista en la norma legal para dar origen a la obligación tributaria.

CONTROL: el proceso para asegurarse que las actividades reales se ciñan a las actividades proyectadas *(J. Stoner).*

CONTROL DEMOCRÁTICO: la dirección y el control de la cooperativa puede hacerse mediante la aplicación del principio democrático "de un socio, un voto". ◆ Principio mediante el cual las cooperativas son organizaciones democráticas controladas por sus miembros, quienes participan activamente en la definición de las políticas y en la toma de decisiones. Los hombres y mujeres elegidos para representar a su cooperativa responden ante los miembros. En las cooperativas de base los miembros tienen igual derecho de voto (un miembro, un voto), mientras en las cooperativas de otros niveles también se organizan con procedimientos democráticos *(Declaración de Identidad Cooperativa).*

CONTROL ESTATAL: poder-deber de un organismo del Estado designado por la ley, de hacer cumplir la normativa legal, funcionamiento, disolución o liquidación de una cooperativa, imponiendo sanciones en caso de infracciones a las normas vigentes en la materia.◆ Órgano supremo que se ocupa del control y el cumplimiento del régimen legal de las cooperativas. Es la autoridad de aplicación y tiene las facultades pertinentes como organismo competente. ◆ Fiscalización pública.

CONTROL INTERNO: comprende la estructura organizativa, las políticas y procedimientos y las cualidades del personal de una empresa existentes con el fin de proteger los activos, hacer válida la información, inducir a la eficiencia en las operaciones y estimular la adhesión a las disposiciones gerenciales.

CONTROL OBRERO: limitación que padecen los empresarios a su libertad empresaria, impuesta por sus subordinados, al exigir su participación en la dirección de la industria o en la sanción de los actos de autoridad relativos a ésta.

CONTROL SOCIAL: conjunto de mecanismos mediante el cual una sociedad mantiene el equilibrio relativo de sus estructuras y de su organización y garantiza en el tiempo su identidad consigo misma. No debe ser rígido de manera que impida los procesos de movilidad del cambio social.

CONVENCIÓN SOBRE EL RECONOCIMIENTO DE LA PERSONERÍA JURÍDICA DE LAS SOCIEDADES, ASOCIACIONES Y FUNDACIONES EXTRANJERAS ADOPTADA EN LA HAYA: los Estados signatarios de la presente Convención: Deseando establecer disposiciones comunes sobre el reconocimiento de la personería jurídica de las sociedades, asociaciones y fundaciones extranjeras; resuelven concluir una Convención a este efecto y convienen las siguientes disposiciones: Art. 1) La personería jurídica adquirida por una sociedad, una asociación o una fundación, en virtud de la legislación del Estado contratante en el que han sido cumplidas las formalidades de registro o de publicidad y en el que se encuentra su sede estatutaria, será reconocida en pleno derecho en los otros países contratantes, siempre que implique, además de la capacidad para promover acción judicial, por lo menos la capacidad de poseer bienes y de concluir contratos y otros actos jurídicos. La personería jurídica adquirida sin las formalidades de registro o de publicidad, será reconocida de pleno derecho, bajo las mismas condiciones, si la sociedad, la asociación o la fundación hubiera sido constituida de conformidad con la legislación que la rige. Art. 2) La personería jurídica adquirida conforme a las disposiciones del art. 1, podrá no ser reconocida en otro Estado contratante cuya legislación tome en consideración la sede real, si esa sede es considerada como encontrándose en su territorio. La personería podrá no ser reconocida en otro Estado contratante cuya legislación tome en consideración la sede real, si esa sede es considerada allí como encontrándose en un Estado cuya legislación la toma igualmente en consideración. La sociedad, la asociación o la fundación será considerada como teniendo su sede real en el lugar en que haya establecido su administración central. Las disposiciones de los apartados 1 y 2 no serán aplicables si la sociedad, la asociación o la fundación traslada, dentro de un plazo razonable, su sede real a un Estado que concede la personería sin tener en cuenta a esa sede. Art. 3) La continuidad de la personería será reconocida en todos los Estados contratantes, en caso de traslado de la sede estatutaria de uno a otro Estado contratante, si esa personería es reconocida en ambos Estados interesados. Las disposiciones de los apartados 1 y 2 del art. 2 no serán aplicables si la sociedad, la asociación o la fundación traslada su sede estatutaria al Estado de sede real dentro de un plazo razonable. Art. 4) La fusión entre sociedades, asociaciones o fundaciones, que hayan adquirido la personería en el mismo Estado contratante, que se produzca en ese Estado, será reconocida en los otros Estados contratantes. La fusión de una sociedad, una asociación o una fundación que haya obtenido la personería en uno de los Estados contratantes, con una sociedad, una asociación o una fundación que haya obtenido la personería en otro Estado contratante, será reconocida en todos los Estados contratantes en caso de que ésta sea reconocida en los Estados interesados. Art. 5) El reconocimiento de la personería jurídica implica la capacidad que le atribuye la ley en virtud de la cual ésta ha sido adquirida. No obstante, podrán ser denegados los derechos que la ley del Estado de reconocimiento no concede a las sociedades, a las asociaciones y a las fundaciones de tipo equivalente. El Estado de reconocimiento podrá también reglamentar el alcance de la capacidad de poseer bienes en su territorio. La personería implicará en todos los casos, capacidad para la acción judicial; tanto en calidad de demandante como de demandado, de conformidad con la legislación del territorio. Art. 6) Las sociedades, las asociaciones y las fundaciones a las que la ley que las rige no concede la personería,

tendrán, en el territorio de los otros Estados contratantes, la situación jurídica que les reconoce esta ley, especialmente en lo que se refiere a la capacidad para promover acción judicial y la relación con los acreedores. Éstas no podrán pretender tener un tratamiento jurídico más favorable en los otros Estados contratantes aun cuando reúnan todas las condiciones que garantizan en esos Estados el beneficio de la personería. Sin embargo, les podrán ser denegados los derechos que la legislación de esos Estados no conceda a las sociedades, a las asociaciones y a las fundaciones de tipo equivalente. Estos Estados podrán también reglamentar el alcance de la capacidad de poseer bienes en su territorio. Art. 7) La aprobación para el establecimiento, el funcionamiento y en general del ejercicio permanente de la actividad social, se regirá en el territorio del Estado de reconocimiento por la ley de ese Estado. Art. 8) En cada uno de los Estados contratantes, la aplicación de las disposiciones de la presente Convención podrán ser rechazadas por motivos de orden público. Art. 9) Al firmar o ratificar la presente Convención, o al adherir a la misma, cada Estado contratante podrá reservarse el derecho de limitar el alcance de su aplicación, tal como resulta del art. 1. El Estado que haya hecho uso del derecho previsto en el apartado precedente, no podrá pretender la aplicación de la presente Convención por parte de los otros Estados contratantes a las categorías que él haya excluido. Art. 10) La presente Convención queda abierta a la firma de los Estados representados ante la Séptima Sesión de la Conferencia de La Haya sobre Derecho Internacional Privado. Ésta será ratificada y los instrumentos de ratificación serán depositados ante el Ministerio de Relaciones Exteriores de los Países Bajos. Se labrará un acta de todos los depósitos de instrumentos de ratificación y una copia de la misma, certificada conforme, será enviada por vía diplomática a cada uno de los Estados signatarios. Art. 11) La presente Convención entrará en vigencia sesenta días después del depósito del quinto instrumento de ratificación previsto en el art. 10, apartado 2. Para cada Estado Signatario que ratifique posteriormente la Convención, ésta entrará en vigencia sesenta días después de la fecha del depósito de su instrumento de ratificación. Art. 12) La presente Convención se aplicará de pleno derecho a los territorios metropolitanos de los Estados contratantes. Si un Estado contratante deseara su puesta en vigencia en todos los otros territorios, o en alguno de los otros territorios en los que él garantiza las relaciones internacionales, deberá notificar su intención a este efecto mediante un acta que será depositada en el Ministerio de Relaciones Exteriores de los Países Bajos.

Este último enviará por vía diplomática una copia certificada conforme, a cada uno de los Estados contratantes. La presente Convención entrará en vigencia para esos territorios sesenta días después de la fecha del depósito del acta de notificación indicada precedentemente. Queda entendido que la notificación prevista en el apartado 2 del presente artículo, sólo podrá tener efecto con posterioridad a la entrada en vigencia de la presente Convención, en virtud de su art. 11, apartado 1. Art. 13) Todo Estado no representado ante la Séptima Sesión de la Conferencia de La Haya sobre Derecho Internacional Privado, podrá adherir a la presente Convención. Los instrumentos de adhesión serán depositados ante el Ministerio de Relaciones Exteriores de los Países Bajos. Éste enviará por vía diplomática una copia certificada conforme a cada uno de los Estados contratantes. La adhesión sólo tendrá efecto en las relaciones entre el Estado adherente y los Estados que no presenten objeción, durante los seis meses subsiguientes a esta comunicación. Queda entendido que el depósito del acta de adhesión sólo podrá hacerse después de la entrada en vigencia de la presente Convención, en virtud del art. 11, apartado 1. Art. 14) La presente Convención tendrá vigencia por un período de cinco años a partir de la fecha indicada en el art. 11, apartado 1 de la presente Convención. Este período comenzará a correr a partir de esa fecha, aun para los Estados que lo hayan ratificado o que hayan adherido al mismo con posterioridad. La Convención será renovada tácitamente cada cinco años, salvo denuncia. La denuncia deberá ser notificada, por lo menos seis meses antes de la expiración del período, al Ministerio de Relaciones Exteriores de los Países Bajos, el que lo comunicará a todos los otros Estados contratantes. La denuncia podrá limitarse a los territorios o a algunos de los territorios indicados en una notificación hecha en virtud del art. 12, apartado 2. La denuncia sólo tendrá efecto para el Estado que la haya notificado. La Convención seguirá en vigencia para los otros Estados contratantes. En fe de lo cual, los abajo firmantes, debidamente autorizados por sus respectivos gobiernos, firmaron la presente Convención. Hecho en La Haya el 1 de junio de 1956, en un solo ejemplar que será depositado en los archivos del Gobierno de los Países Bajos y del cual una copia certificada conforme será enviada a cada uno de los Estados representados ante la Séptima Sesión de la Conferencia de La Haya sobre Derecho Internacional Privado.

CONVOCATORIA A ASAMBLEA: citación o llamado a asamblea que se hace a los socios de una sociedad o asociación con especificación de día, hora y lugar de reunión y de los asuntos a considerar.

COOP: sigla de carácter simbólico que significa Cooperativa.

COOPERACIÓN: acción y consecuencia de apoyarse y unificar las voluntades y los esfuerzos para alcanzar objetivos comunes. Biológicamente es la forma de interacción que mejor expresa los impulsos de sociabilidad y ayuda recíproca, responsables de gran número de especies y en el hombre de las probabilidades de progreso. Muchos autores coinciden en señalar que este término se comenzó a utilizar en 1821, en "The Economist" de Londres, órgano de difusión generado por discípulos de Owen. A partir de entonces se utilizó la expresión "Cooperative Society" equivalente a "cooperación ilimitada" para todos los fines de vida.

COOPERACIÓN ENTRE COOPERATIVAS: principio mediante el cual las cooperativas sirven a sus miembros más eficazmente y fortalecen el movimiento cooperativo, trabajando de manera conjunta por medio de estructuras locales, nacionales, regionales e internacionales *(Declaración de Identidad Cooperativa).*

COOPERACIÓN HORIZONTAL: cooperación entre países en desarrollo que permite la movilización e intercambio de recursos humanos, técnicos, financieros y materiales, de experiencias y tecnologías apropiadas en países con realidades nacionales similares ◆

Cooperación técnica entre países en desarrollo.

COOPERACIÓN TÉCNICA ENTRE PAÍSES EN DESARROLLO: ver **Cooperación horizontal.**

COOPERANTE: que coopera.

COOPERAR: trabajar mancomunadamente con otro para alcanzar o lograr un objetivo determinado ◆ Sólo trabajar con otra u otra personas. Quien coopera también colabora, pero quien colabora no necesariamente coopera. ◆ Trabajar en común, disponerse a actuar conjuntamente con otros.

COOPERARIO: quien coopera.

COOPERATIVA: empresa con personería jurídica de naturaleza privada, de interés social, fundada en la solidaridad, autogestionada democráticamente por sus socios que tienen la calidad de trabajadores, usuarios o consumidores de la misma cooperativa y que se organizan para realizar actividades económicas, sin fin de lucro, con el propósito de satisfacer necesidades individuales y colectivas de sus asociados. Con este concepto de identifica a la Cooperativa como una empresa *sui generis*, diferente de las asociaciones y sociedades y que, no obstante, formar parte del grupo de las personas jurídicas privadas, tiene un fin y un interés social que no se puede confundir con empresas lucrativas propias del derecho mercantil, ni con asociaciones gremiales o de beneficencia *(C. Naranjo Mena).* ◆ Empresa de carácter socio-económico organizada libre y voluntariamente, conforme a los principios cooperativos, con el objetivo de eliminar la intermediación, sin perseguir fines de lucro y para ofrecer servicios a sus asociados y a la comunidad *(E. Carrasco).* ◆ Entidad fundada en el esfuerzo propio y la ayuda mutua para organizar y prestar servicios que reúne las siguientes características: 1) Tiene capital variable y duración ilimitada; 2) No pone límite estatutario al número de asociados ni al capital; 3) Concede un solo voto a cada asociado, cualquiera sea el número de sus cuotas sociales y no otorga ventaja ni privilegio alguno a los iniciadores, fundadores y consejeros, ni preferencia a la parte alguna del capital; 4) Reconoce un interés limitado a las cuotas sociales, si el estatuto autoriza aplicar excedentes a alguna retribución al capital; 5) Cuenta con un número mínimo de diez asociados, salvo las excepciones que expresamente admitiera la autoridad de aplicación y lo previsto para las cooperativas de grado superior; 6) Distribuye los excedentes en proporción al uso de los servicios sociales; 7) No tiene como fin principal ni accesorio la propaganda de ideas políticas, religiosas, de nacionalidad, región o raza, ni imponen condiciones de admisión vinculadas con ellas; 8) Fomenta la educación cooperativa; 9) Prevé la integración cooperativa; 10) Presta servicios a sus asociados y a no asociados en las condiciones que para este último caso establezca la autoridad de aplicación; 11) Limita la responsabilidad de los asociados al monto de las cuotas sociales suscriptas; y, 12) Establece la irrepartibilidad de las reservas sociales y el destino desinteresado del sobrante patrimonial en casos de liquidación ◆ Asociación autónoma de personas que se han unido voluntariamente para hacer frente a sus necesidades y aspiraciones económicas, sociales y culturales comunes por medio de una empresa de propiedad conjunta y democráticamente controlada *(Declaración de Identidad Cooperativa)* ◆ Entidad no lucrativa, principalmente porque no se propone la obtención de ganancias económicas, sino más bien, otros objetivos que consisten en la prestación de servicios y otros beneficios al costo para sus asociados ◆ Asociación voluntaria de personas no mercantiles, de carácter privado, que teniendo como última finalidad la conquista general de la economía, mediante la colaboración de todos los asociados, se propone la satisfacción de una necesidad humana de la mejor manera posible, aplicando la idea de servicio y el desinterés, con uno o varios fines sociales que cumplir, efectuándose el reparto de exce-

dente, bien en atención al valor del trabajo, bien en consideración al mayor o menor uso que se haya hecho de la organización cooperativa, en acrecentar el patrimonio social o en obras sociales *(J. Ciurana Fernández)* ◆ Organización integrada por individuos y grupos de individuos en forma voluntaria, para desarrollar actividades que faciliten el mejoramiento de sus condiciones de vida. Es una forma de organización social para brindar servicios que satisfacen necesidades básicas del ser humano, que le permiten desarrollarse como tal en la sociedad *(C. E. Serrano).* ◆ Una asociación organizada en forma voluntaria por un grupo de personas para darse a sí mismas un servicio que necesitan *(E. Villalón).* ◆ Una cooperativa verdadera es una asociación comercial organizada, financiada y dirigida por y para sus socios, clientes, que provee y/o comercializa, a precio de costo, bienes y/o servicios para sus miembros *(P. R. Ewell)* ◆ Asociación en un sentido lato, que no tiene fines de lucro, su causa es la solidaridad. El Diccionario de la Lengua Española, la define como "la que se constituye entre productores, vendedores o consumidores para la utilidad común de los socios ◆ Sociedad constituida por personas que se asocian, en régimen de libre adhesión y baja voluntaria, para la realización de actividades empresariales, encaminadas a satisfacer sus necesidades y aspiraciones económicas y sociales con estructura y funcionamiento democrático, conforme a los principios formulados por la Alianza Cooperativa Internacional *(Legislación española)* ◆ Asociación de unidades autónomas en las cuales el fin es dirigir en común una actividad en la que participan las unidades componentes como un medio de aumentar los ingresos, reducir los costes o de favorecer de otra manera el interés económico de los miembros componentes *(F. Robotka)* ◆ Con un criterio menos laxo la sociedad cooperativa aparece "como una asociación voluntaria de personas, no mercantiles, de carácter privado, que teniendo como última finalidad la conquista general de la economía, mediante la colaboración de todos los asociados, se propone la satisfacción de una necesidad humana de la mejor manera posible, aplicando la idea de servicio y el desinterés, con uno o varios fines sociales que cumplir, efectuándose el reparto del excedente bien en atención al valor del trabajo, bien en consideración al mayor o menor uso que se haya hecho de la organización cooperativa, en acrecentar el patrimonio social o en obras sociales ◆ Asociación formada por grupo de consumidores y productores, de libre acceso y control democrático, para operar como comprador o vendedor o bien producir en común ◆ Asociación voluntaria de personas y no de capitales, en plena personalidad jurídica, de duración indefinida y de responsabilidad limitada, en las que los individuos se organizan democráticamente a fin de satisfacer sus necesidades y promover su mejoramiento económico y social, como un medio de superar su condición humana y su formación industrial, y en las cuales el motivo de trabajo y de la producción, de la distribución y del consumo, es el servicio y no el lucro *(Legislación de Costa Rica).*◆ Asociaciones autónomas de personas que se unen voluntariamente sobre la base del esfuerzo propio y la ayuda mutua, para satisfacer sus necesidades económicas, sociales y culturales comunes, por medio de una empresa de propiedad conjunta y democráticamente gestionada *(Ley de Cooperativas del Uruguay)*. ◆ Ver **Sociedad cooperativa.**

COOPERATIVA AGRÍCOLA: aquella en la que los socios se organizan con el objeto de lograr los siguientes fines: a) vender los cereales y demás productos agrícolas de sus asociados; b) adquirir por cuenta de la cooperativa y proveer a los asociados o adquirir por cuenta de estos artículos de consumo y de hogar, productos, máquinas, repuestos, enseres, bolsas, hilos, etc., necesarios para la explotación agrícola y para el consumo de las familias de los asociados y del personal empleado en la actividad o tarea a que se dediquen; c) establecer fábricas para el manipuleo o producción de abonos, máquinas, semillas, bolsas y otros materiales necesarios a la industria agrícola y para la transformación de los productos de ésta y sus derivados; d) adquirir y/o arrendar campos para sí o para los asociados; e) conceder adelantos en dinero efectivo a cuenta de productos entregados o sobre la cosecha a recoger; f) fomentar por todos los medios posibles lo hábitos de economía y previsión; g) contratar por cuenta de los asociados, en forma individual o colectiva, toda clase de seguros relacionados con sus actividades como agricultores; h) propender al mejoramiento de la industria agraria; i) auspiciar la creación de viveros y semilleros cooperativos y organizar consorcios camineros; j) procurar, por intermedio de los organismos oficiales, la exportación a países consumidores de los productos de sus asociados, en su estado natural, manufacturados o industrializados; k) gestionar ante las autoridades públicas, empresas de transportes, de navegación, etc., la modicidad de las tarifas y todo los beneficios posibles para el afianzamiento económico del agricultor; l) instituir concursos y premios para estimular el mejoramiento de la industria agrícola; m) dedicarse al estudio y defensa de los intereses económicos agrarios generales y de los asociados en particular y, n) fomentar el espíritu de ayuda mutua entre los asociados y cumplir con el fin de crear una conciencia cooperativa, educando y fomentando la armonía entre consumidores y productores ◆ En este ámbito el campo de acción de las cooperativas de este tipo es muy amplio. Se pueden clasificar en: a) cooperativa de distribución, aquella que se encarga de comprar y repartir entre sus asociados todos los implementos necesarios para el trabajo agrícola, así como vender los productos que los socios aporten para dicha finalidad. Algunos autores las llaman a esta cooperativa de consumo; b) cooperativa de producción agrícola: aquella que se constituye para la explotación y el cultivo de la tierra; y c) cooperativa de transformación agrícola, aquella que tiene por objeto la industrialización y ventas de los productos obtenidos ◆ Sociedad que tiene por fin suprimir el intermediario de la producción y consumo agrícolas, para hacer suyas las ganancias que aquel obtenga *(V. Basin y Blazquer)*. ◆ Aquella formada por colonos o pequeños propietarios que cultivan las tierras personalmente y quedan afectos a las pérdidas y ganancias del año agrícola *(Legislación italiana)*.

COOPERATIVA AGROPECUARIA: aquella organización compuesta por no menos de cincuenta (50) agricultores y campesinos con el propósito de incrementar el ingreso proveniente de la actividad agrícola ganadera, mejorar la calidad de los productos del agro, levantar el nivel de la vida rural, dar al productor una mayor participación del ingreso total que resulta de su riesgo y esfuerzo mediante la compra y venta mancomunada de los bienes y servicios necesarios inherentes a la actividad agrícola y ganadera *(Ley de Asociaciones Cooperativas de República Dominicana).*◆ Organizada por productores para abaratar sus costos y lograr insertarse en el mercado compran insumos, comparten la asistencia técnica, comercializan la producción en conjunto, incrementando el volumen y mejorando los procesos de la transformación primaria, etc.

COOPERATIVA APÍCOLA: aquella en la que los asociados se organizan con el objeto de: a) recibir, industrializar por si o por terceros, comercializar y procurar la obtención de mercado para la colocación de los productos de los asociados; b) realizar operaciones de exportación o importación de productos y subproductos, maquinarias e implementos necesarios a las tareas desarrolladas por los asociados; c) adquirir por cuenta de la cooperativa y proveer a los asociados o adquirir por cuenta de estos artículos de consumo y del hogar, productos, máquinas, repuestos, enseres, envases, etc., necesarios para la explotación apícola y para el consumo de las familias de los asociados y del personal empleado en la actividad o tarea a que se dediquen; d) establecer fábricas para el manipuleo o producción de los materiales necesarios a la industria apícola y para la transformación de los productos de ésta y sus derivados; e) adquirir y/o arrendar campos, chacras, granjas, para sí o para los asociados; f) conceder adelantos en dinero efectivo a cuenta de productos entregados o a entregar; g) propender al desarrollo científico técnico de explotación apícola, a cuyo efecto podrá disponer la adquisición de terrenos para trabajos experimentales destinados al mejoramiento de la producción y, h) favorecer la importación y el intercambio de abejas reinas de pedigrí para el mejoramiento cualitativo y cuantitativo de la producción.

COOPERATIVA COMO EMPRESA: la cooperativa tiene a su cargo todas las gestiones económicas financieras y administrativas como cualquier empresa. La diferencia está en que la cooperativa pertenece a los asociados que son sus dueños y usuarios de sus servicios, favoreciendo su proyección a la comunidad. Por lo tanto, el éxito de un cooperativa depende del justo equilibrio que se logra entre estas dos fuerzas: la asociación y la empresa. La compleja economía moderna requiere de soluciones que afronten los problemas especulativos de la producción y el consumo en forma directa y en el propio campo económico y empresarial. La cooperativa que mueve a los grandes núcleos de productores y consumidores hacia la liberación de la especulación de los intermediarios, pues tiende a liberar la gestión económica del espíritu de lucha, transformándolo en espíritu de servicio *(B. Cruz Brenes).*

COOPERATIVA CON SUCURSALES: el desarrollo de una cooperativa puede generar la habilitación de nuevos locales con el objeto de ampliar su radio de acción para sus actividades y mejoramiento del servicio.

COOPERATIVA CORRIENTE O TÍPICA: la establecida generalmente por la legislación de todos los países y son las de consumo, producción, crédito, agrícolas y marítimas *(B. Cerdá Richart).*

COOPERATIVA DE AHORRO Y CRÉDITO: organización que tiene por objeto fomentar el ahorro, otorgar préstamos a sus asociados y capacitarlos en el orden económico y social *(Ley de Asociaciones Cooperativas de la República Dominicana).*

COOPERATIVA DE ARTESANÍA: aquella que desarrolla su objetivo económico en beneficio de las personas cuyas profesiones o prácticas es alguna de las artes o de los oficios. En general, la artesanía es el trabajo realizado en el pequeño taller y que generalmente requiere de una asociación para desarrollar su actividad ◆ Clase social conformada por los artesanos. ◆ Ver **Cooperativa de artesanos.**

COOPERATIVA DE ARTESANOS: la que asocia a personas cuya profesión es la práctica de alguna de las artes o alguno de los oficios con el fin de adquirir en común maquinaria y útiles de trabajo, comprar primeras materias y géneros necesarios a los cooperadores, vender los productos elaborados y tener servicios comunes de almacenes y transportes *(B. Cerdá Richart).* ◆ Ver **Cooperativa de artesanía.**

COOPERATIVA DE AUTOGESTIÓN: cooperativa que tiene por objeto: a) Adquirir en el mercado los materiales y demás elementos necesarios para la construcción de las viviendas. b) Contratación de los trabajos que no se pueden hacer mediante el esfuerzo de los asociados. c) Solicitar ante instituciones oficiales o privados, los créditos necesarios para financiar la construcción y terminación de las viviendas y gestionarlos en nombre de sus asociados para los mismos fines, como también seguros que contratará con terceros. d) Gestionar ante las autoridades correspondientes la realización de obras viales como obras sanitarias, desagüe, pavimentación, cloacas, alumbrado, gas, teléfonos, agua potable y todo otro servicio público que requiera las necesidades de la comunidad ubicada en el radio de acción de la cooperativa. e) Adquirir terrenos para sus asociados o bien solicitar la cesión de los mismos por el Fisco Provincial o Municipal, con destino a la vivienda propia. f) Efectuar por administración o por contrato con terceros las obras necesarias para la conservación, ampliación, terminación o mejoramiento de las viviendas de sus asociados. g) Adquirir viviendas individuales o colectivas para entregarlas en uso o propiedad a los asociados en las condiciones que se especifiquen en el reglamento respectivo. h) Desarrollar e impulsar las aptitudes de los asociados difundiendo conocimientos técnicos, administrativos y contables y favoreciendo la formación de dirigentes. i) Proporcionar a los asociados el asesoramiento en todo lo relacionado con el problema de su vivienda, brindándoles los servicios técnicos y la asistencia jurídica necesaria. j) Propender al fomento de los hábitos de economía y previsión entre los asociados. La cooperativa excluye de sus objetivos las operaciones de ahorro y préstamo para la vivienda u otros fines. k) Adecuación de las viviendas existentes a las necesidades humanas indispensables, instrumentando las medidas correspondientes. l) Fomentar la educación cooperativa y el espíritu de solidaridad entre los asociados, cumpliendo con el fin de crear una conciencia cooperativa.

COOPERATIVA DE COLONIZA-CIÓN: aquella que procura el asen-tamiento de núcleos de productores y trabajadores agrarios sobre tierras desocupadas, no explotadas o redistribuidas; y tienen el carácter de cooperativas integradas, cuando llegan a abarcar la mayor parte de las actividades socioeconómicas de sus asociados *(B. Drimer y A. K. de Drimer).*

COOPERATIVA DE CONSUMIDO-RES Y USUARIOS: aquella que tiene por objeto el suministro de bienes y servicios adquiridos a terceros o producidos por sí mismos, para uso o consumo de los socios y de uso de viviendas y locales de los socios, la conservación y administración de las viviendas o locales o edificaciones comunes y la creación y suministro de servicios complementarios, así como la rehabilitación de viviendas, locales y edificaciones e instalaciones complementarias *(Legislación española).*

COOPERATIVA DE CONSUMO: aquella en que los socios se organizan con el objeto de: a) adquirir o producir por cuenta de la Cooperativa para ser distribuidos entre los asociados, artículos de consumo, de uso personal y del hogar; b) realizar toda operación en beneficio de los asociados dentro del espíritu del principio de la cooperación y de este estatuto y, c) fomentar el espíritu de solidaridad y ayuda mutua entre los asociados y cumplir con el fin de crear una conciencia cooperativa. Ofrece servicios a sus socios y a la sociedad en general y ésta ha sido de las originarias de los célebres pioneros de Rochdale, Inglaterra, en 1844. Está constituida por consumidores primeros con el objeto de autoabastecerse mancomunadamente de los bienes y servicios que necesitan para su uso personal y el de sus familias ◆ Aquella organizada por consumidores primarios para autoabastecerse mancomunadamente de los bienes y servicios que necesitan para su uso personal y el de sus familias *(Ley de Asociaciones Cooperativas de República Dominicana)* ◆ La que tiene por fin subvenir a las necesidades vitales de los asociados y sus familiares particularmente en el ramo de la alimentación *(R. de Roda)*. ◆ Agrupación de individuos o familias que se asocian para comprar o fabricar en común, cuantos artículos necesiten para vivir y repartírselos luego según las necesidades de cada uno, suprimiendo de esta manera las intervenciones y ahorrando, por lo tanto el beneficio que estos hubieran realizado *(Ventosa y Roig)*. ◆ Para muchos autores la cooperativa integral es aquella que predomina sobre las demás formas cooperativas instaurando el principio de la soberanía del consumidor. El origen de la cooperación moderna es menester rastrearlo en la cooperativa de Rochdale, una cooperativa de consumo. Este tipo de cooperativas normalmente retornan de los excedentes una parte importante a los socios distribuyéndose el resto entre las obras sociales y los fondos de reserva. En un inicio las cooperativas se organizaron en los pueblos y en las grandes ciudades. A pesar de los avances y retrocesos este tipo de cooperativas ha alcanzado un estatus propio ◆ El concepto íntimo de este tipo cooperativo es una agrupación de consumidores los cuales propugnan un ideal más elevado que la ventaja personal del abaratamieto de la mercancía, se podrá hablar en realidad de que el incremento de creación de asociaciones de consumo que se extiende más allá de las clases trabajadores *(G. Vleugel)*. ◆ Cooperativa de abastecimiento ◆ Cooperativa de suministros.

COOPERATIVA DE CRÉDITO:

aquella en la que los asociados se organizan con el objeto de conceder créditos con capital propio. Fomentar el espíritu de solidaridad y ayuda mutua entre los asociados y cumplir con el fin de crear una conciencia cooperativa. Se excluyen de todos sus actos las cuestiones políticas, religiosas, sindicales, de nacionalidad, regiones o razas determinadas ◆ (Bancos populares) Son los que tienen por objeto conceder a los socios créditos con anticipos, descuentos de letras, préstamos de breve vencimiento sobre prendas, y repartiendo entre ellos al final de cada ejercicio las ganancias realizadas con estas operaciones de banca *(C. Vivante).* ◆ La encargada de fomentar entre sus miembros el espíritu de ahorro, admitiéndoles imposiciones individuales, premiándoseles con un interés que no exceda del legal, favorecer sus hábitos de trabajo, facilitándoles el crédito que fuese menester por un interés que tampoco exceda del mencionado, y prestándoles toda clase de servicios de crédito en las mismas condiciones con tal que el exceso de percepción se devuelva a los asociados a prorrata del monto y poder reproductivo de las operaciones que cada asociado hubiere efectuado valiéndose de la asociación *(J. Salas Antón).*

COOPERATIVA DE EMPRESA: aquella en que los obreros o trabajadores ponen como capital sus aptitudes o capacidad para el trabajo y las ofrecen a los patrones que las necesitan *(B. Cerdá Richart).*

COOPERATIVA DE EXPORTACIÓN: aquella en la que los asociados se organizan con el objeto de: a) exportar conjuntamente los productos de sus asociados; b) coordinar las labores de producción y propender al avance tecnológico de sus asociados; c) optimizar la calidad de los productos de exportación; d) realizar operaciones de intercambio compensado; e) importar y/o adquirir insumos y/o tecnología requeridas por sus asociados para ser utilizados en la producción de los bienes y/o servicios a exportar; f) construir, adquirir y arrendar oficinas, locales o galpones, etc., para uso de la cooperativa; g) asesorar técnica y jurídicamente a sus asociados en cualquier cuestión relacionada con el giro de sus actividades y, h) fomentar el espíritu de solidaridad entre sus asociados y cumplir con el fin de crear una conciencia cooperativa.

COOPERATIVA DE GRADO SUPERIOR: cooperativa de segundo grado o cooperativa de cooperativas. Reúne a cooperativas que tienen objetos similares. También se incluyen a la cooperativa de tercer grado o confederación.

COOPERATIVA DE MAR: tiene por objeto realizar la pesca bajo principios cooperativos, propulsar cuanto se refiere a las industrias marítimas y derivadas, facilitar los medios adecuados para la adquisición, construcción y reparación de embarcaciones, fabricación y distribución de efectos navales y útiles de pesca, etc., así como crear instituciones de venta en común, y en general, cuantas tiendan a facilitar la pesca y los transportes marítimos *(B. Cerdá Richart).* ◆ Ver **Cooperativa marítima.**

COOPERATIVA DE PRIMER GRADO: cooperativa primaria.

COOPERATIVA DE PRODUCCIÓN: la que desarrolla una actividad productora o transformadora de artículos producidos, que han de ser destinados al consumo o utilizados en otras industrias. Se propone fabricar o elaborar determinados artículos, mediante la utilización de las primeras materias que son necesarias y aquellas otras que se consideran complementarias, y con el empleo de maquinaria adecuada y los útiles y herramientas correspondientes *(B. Cerdá Richart)*.

COOPERATIVA DE PRODUCCIÓN Y TRABAJO: organización compuesta por trabajadores para la producción y/o distribución de bienes y servicios destinados al consumo, en cualquier etapa de éstos a terceros *(Ley de Asociaciones Cooperativas de la República Dominicana)*.

COOPERATIVA DE PROVISIÓN: la que tiene por objeto: a) adquirir o producir para distribuir entre los asociados todos los artículos o materiales necesarios para el desenvolvimiento propio de ellos; b) construir, adquirir o arrendar oficinas, locales, galpones, etc., para uso de la cooperativa; c) asesorar técnica y jurídicamente a sus asociados, en cualquier cuestión relacionada con el giro de sus actividades y, d) fomentar el espíritu de solidaridad entre los asociados y cumplir con el fin de crear una conciencia cooperativa.

COOPERATIVA DE PROVISIÓN DE ENSEÑANZA: aquella en la que los asociados se organizan con el objeto de: a) prestar a los hijos de los asociados servicios de enseñanza, a cuyo efecto podrá organizar la prestación correspondiente según los planes oficiales; b) adquirir o producir para distribuir entre los asociados todos los artículos o materiales necesarios para el desenvolvimiento propio de ellos; c) construir, adquirir, o arrendar oficinas, locales, galpones, etc., para uso de la cooperativa y, d) fomentar el espíritu de solidaridad y ayuda mutua entre los asociados y cumplir con el fin de crear una conciencia cooperativa.

COOPERATIVA DE PROVISIÓN DE SERVICIOS: aquella en la que los asociados se organizan con el objeto de: a) construir, adquirir o arrendar oficinas, locales, galpones, etc., para uso de la cooperativa; b) asesorar técnica y jurídicamente a sus asociados, en cualquier cuestión relacionada con el giro de sus actividades y, c) fomentar el espíritu de solidaridad entre los asociados y cumplir con el fin de crear una conciencia cooperativa.

COOPERATIVA DE PROVISIÓN DE SERVICIOS DE TURISMO: aquella en la que los asociados se organizan con el objeto de: a) facilitar el acceso de la corriente turística, contratando en forma parcial o total la locación de hoteles, pensiones, alojamientos y viviendas en general, a total beneficio del asociado, hasta lograr la estructura propia; b) gestionar ante empresas de transportes oficiales o privadas la adquisición de pasajes para la obtención de rebajas; c) adquirir o arrendar en forma transitoria o permanente solares o edificios para la utilización de los asociados; d) exhibir en sus locales películas cinematográficas; e) realizar conciertos musicales, conferencias y exposiciones y, f) fomentar el espíritu de solidaridad y ayuda mutua entre los asociados y cumplir con la conciencia cooperativa.

COOPERATIVA DE PROVISIÓN DE SERVICIOS MÉDICOS: aquella en la que los asociados se organizan con el objeto de proveer a los asociados los servicios de infraestructura necesarios para el ejercicio de su profesión. Propender a la difusión de principios sanitarios y la puesta en práctica de acciones de medicina preventiva y de educación sanitaria. Con tal fin puede: a) relacionar al profesional con el paciente y, b) instalar establecimientos asistenciales para la profilaxis, recuperación, diagnóstico y tratamiento de las enfermedades, asegurando eficiencia, oportunidad y continuidad.

COOPERATIVA DE PROVISIÓN PARA MENSAJERÍA RURAL: aquella en la que los asociados se organizan con el objeto de lograr la provisión de mensajería rural, radiocomunicaciones rurales y telefonía rural a sus asociados, a tal fin podrá: a) construir, adquirir o arrendar oficinas, locales, galpones, etc., para uso de la cooperativa; b) asesorar técnica y jurídicamente a sus asociados en cualquier cuestión relacionada con el giro de sus actividades y, c) fomentar el espíritu de solidaridad entre sus asociados y cumplir con el fin de crear una conciencia cooperativa.

COOPERATIVA DE SALUD: entidad constituida libremente, sin fines de lucro, por personas y profesionales que inspiradas en la solidaridad, en el esfuerzo propio y la ayuda mutua y con el objeto de brindarse ayuda recíproca, se organizan y se prestan servicios médico-asistenciales, desmercantilizados, frente a riesgos eventuales, reuniendo y ensamblando energías humanas y profesionales, encauzándolas hacia el bienestar tanto individual como al interés y compromiso por la comunidad, asegurando el justo ordenamiento de valores e intereses, en la igual dignidad de las personas centralmente, en el respeto de su libertad y el cuidado de su vida *(R. F. Bertossi).*

COOPERATIVA DE SERVICIOS: la que adquiere en común los artículos, maquinarias, etc., que los socios precisan para sus usos industriales, las que venden en común los artículos fabricados por los socios, y las que realizan determinados trabajos como el transporte, limpieza, etc. *(B. Cerdá Richart).*

COOPERATIVA DE SERVICIOS PARA PRODUCTORES RURALES: cooperativa que tiene por objeto: a) la provisión de servicios de labranza; b) de siembra; c) de desmonte, desmalezamiento, limpieza de campos; d) de aplicación de herbicidas, de fertilizantes y otros productos propios del tratamiento de suelos; e) instalación de alambrados, tranqueras, guardaganados; f) parcelamiento de campos; g) provisión de equipos de generación de energía eléctrica, de extracción de agua de riego, de ordeñe mecánico, de inseminación artificial, de acondicionamiento de productos de refrigeración, de almacenamiento de productos e insumos; h) provisión de servicios de vacunación y de atención veterinaria en general; i) provisión de semillas, forrajes herbicidas, fertilizantes y productos veterinarios; j) construcción y mantenimiento de canales de drenaje; k) ejecución de defensas contra plagas y contra granizo y, l) recolección, acondicionamiento, almacenamiento y transporte de la producción agropecuaria. A tales fines podrá: a) adquirir, locar o utilizar por cualquier otro título, depósitos, oficinas, galpones, locales, silos, máquinas, aparatos, herramientas y todo inmueble o mueble necesario; b) asesorar técnica y jurídicamente a sus asociados en cualquier gestión relacionada con el giro de sus actividades. La Cooperativa fomentará el espíritu de solidaridad entre sus asociados, cumpliendo con el fin de crear una conciencia cooperativa.

COOPERATIVA DE SERVICIOS TELEFÓNICOS: aquella en la que los asociados se organizan con el objeto de: a) proveer de una red telefónica automática destinada al servicio particular y público, a cuyo efecto podrá adquirirla, instalarla y/o distribuirla; b) prestar otros servicios conexos a cuyo efecto podrá realizar las construcciones e instalaciones necesarias; c) proveer materiales, útiles y enseres para toda clase de instalaciones telefónicas y de los demás servicios comprendidos; d) propender al fomento de la constitución de cooperativas similares; e) gestionar ante los poderes públicos, nacionales, provinciales o comunales, normas legales que tiendan al perfeccionamiento del servicio telefónico y, f) fomentar el espíritu de ayuda mutua entre sus asociados y cumplir con el fin de crear una conciencia cooperativa, educando y fomentando la armonía entre los mismos.

COOPERATIVA DE TRABAJO: la que realiza por cuenta propia o ajena, toda clase de obras nuevas o servicios empleando los útiles de trabajo propios y en determinados casos, las materias necesarias para las mismas. Se propone efectuar aquellos trabajos que se les encarguen, tales como el transporte, la construcción de obras, etc. *(B. Cerdá Richart).* ◆ La que tiene por objeto proporcionar a sus socios puestos de trabajo mediante su esfuerzo personal y directo, a través de una organización conjunta destinada a producir bienes o servicios, en cualquier sector de la actividad económica *(Ley de Cooperativas del Uruguay)*

COOPERATIVA DE TRABAJO ASOCIADO: la que tiene por objeto proporcional a sus socios puestos de trabajo, mediante se esfuerzo personal y directo, a tiempo parcial o completo, a través de la organización en común de la producción de bienes o servicios para terceros *(Legislación española).* ◆ Empresa asociativa de la economía solidaria, de primer grado, sin ánimo de lucro y de responsabilidad limitada, que vincula el trabajo personal de sus asociados que son simultáneamente trabajadores, aportantes, gestores, en función de desarrollar relaciones de trabajo mediante acuerdos cooperativos de trabajo asociado. ◆ Aquella que constituyen personas naturales para que les proporcione un puesto de trabajo. Como todos los asociados deben trabajar en la cooperativa, se da una identidad entre los empleadores y los trabajadores, de tal suerte que no se puede hablar de contrato de trabajo, ni de salario, porque las dos partes de la relación laboral son las mismas personas *(H. Cardozo Cuenca).*

COOPERATIVA DE TRABAJO DE PROFESIONALES DE SALUD: aquella integrada por profesionales de la salud y que tiene por actividad principal proporcionar asistencia médica a sus afiliados y socios en un régimen de asistencia médica colectiva. ◆ Cooperativa de profesionales de la salud.

COOPERATIVA DE TRABAJO O PRODUCCIÓN: aquella en la que los asociados se organizan con el objeto de asumir por su propia cuenta, valiéndose del trabajo personal de sus asociados, las actividades inherentes a fomentar el espíritu de solidaridad y ayuda mutua entre los asociados y cumplir con el fin de crear una conciencia cooperativa. Se excluyen de todos sus actos las cuestiones políticas, religiosas, sindicales, de nacionalidad, regiones o razas determinadas.

COOPERATIVA DE VIVIENDA: aquella en que los asociados se organizan con el objeto de: a) adquirir viviendas individuales o colectivas, o construirlas, sea por administración o por medio de contratos con empresas del ramo, para entregarlas en uso o en propiedad a los asociados en las condiciones que se especifiquen en el reglamento respectivo; b) adquirir terrenos para sí o para sus asociados con destino a la vivienda propia; c) ejecutar por administración o por medio de contratos con terceros las obras necesarias para la conservación, ampliación o mejoramiento de las viviendas de sus asociados; d) solicitar ante instituciones oficiales o privadas los créditos necesarios para la construcción de la vivienda y gestionarlos en nombre de sus asociados para los mismos fines; e) adquirir en el mercado los materiales y demás elementos necesarios para la construcción, con destino a su empleo por la cooperativa o el suministro a los asociados; f) gestionar el concurso de los poderes públicos para la realización de las obras viales necesarias, obras sanitarias y de desagüe en la zona de influencia de la cooperativa; g) proporcionar a los asociados el asesoramiento en todo lo relacionado con el problema de su vivienda, brindándoles los servicios técnicos y la asistencia jurídica necesarios; h) propender al fomento de los hábitos de economía y previsión entre los asociados. La cooperativa excluye de sus objetivos las operaciones de ahorro y préstamo para la vivienda u otros fines y, i) fomentar el espíritu de solidaridad y ayuda mutua entre los asociados y cumplir con el fin de crear una conciencia cooperativa. Se excluyen de todos sus actos las cuestiones políticas, religiosas, sindicales, de nacionalidad, regiones o razas determinadas ◆ Aquella organizada por personas naturales para proveerse de un hogar propio *(Ley de Asociaciones Cooperativas de la República Dominicana).*

COOPERATIVA ELÉCTRICA: aquella que tiene por objeto suministrar a sus asociados la energía eléctrica que produce al precio más económico posible. Ésta puede suministrarse a todos los socios de la localidad y/o a las industrias asociadas.

COOPERATIVA ESCOLAR: aquella que tiene un carácter educativo y de capacitación para perfeccionarse hacia el futuro. Las ventajas que genera este enfoque son la introducción de las prácticas y los principios cooperativos. Además genera una actitud solidaria y el trabajo en equipo y la aplicación de los conocimientos teóricos a una práctica específica.

COOPERATIVA ESPECIALIZADA: la que se constituye con el objeto de satisfacer una necesidad específica correspondiente a una sola rama de la actividad económica, social o cultural.

COOPERATIVA ESPONTÁNEA DE CONSUMIDORES: ver **Cooperativa libre de consumidores.**

COOPERATIVA GANADERA: aquella en que los hombres que trabajan en la ganadería se organizan con la finalidad principal de adquirir los productos propios de esta actividad para mejorar y elevar el nivel de vida de los asociados. El objeto de este tipo de cooperativa propone la realización de los fines siguientes: a) vender el ganado de sus asociados, pudiendo efectuar remates-ferias en instalaciones propias de terceros; b) faenar e industrializar los productos entregados por los asociados y comercializarlos por cuenta de los mismos, en los mercados internos y externos; c) instalar frigoríficos, fábricas, depósitos o cuantas instalaciones crea necesarias para la conservación, transformación y venta de los productos provenientes de sus asociados; d) instalar mercados o puestos de venta cooperativos para la venta de carne en general y derivados, así como también de los demás productos de ganadería, industrializados o no; e) fomentar el mejoramiento de la ganadería, propiciando la adquisición de reproductores de raza para el mejoramiento del ganado de sus asociados y estimulándola mediante la celebración de concursos, torneos y exposiciones; f) adquirir y/o arrendar campos con destino a invernada o cría así como también chacras, granjas, etc., para sí o para sus asociados; g) adquirir por cuenta de la sociedad y proveer a sus asociados o adquirir por cuenta de los mismos, artículos de consumo, productos, instrumentos, maquinarias y herramientas, repuestos, enseres, productos veterinarios, semillas forrajeras y todo cuando fuere necesario para la explotación que realicen; h) contratar por cuenta de los asociados, en forma individual o colectiva, toda clase de seguros en relación con sus actividades como ganaderos; i) adquirir y/o arrendar equipos especiales para la construcción de represas o perforaciones con destino a la provisión de agua; j) obtener para las instalaciones, ampliaciones y capital en giro, crédito de bancos oficiales o particulares; k) procurar por intermedio de los organismos oficiales, la exportación a países consumidores de los productos de sus asociados, en su estado natural, manufacturados o industrializados; l) fomentar el espíritu de ayuda mutua entre los asociados y cumplir con el fin de crear una conciencia cooperativa, educando y fomentando la armonía entre consumidores y productores; m) gestionar ante las autoridades públicas, empresas de transportes, de navegación, etc., la modicidad de las tarifas y todos los beneficios posibles para el afianzamiento económico y cultural del ganadero, y organizar consorcios para la construcción, arreglo y conservación de caminos y, n) fomentar el espíritu de solidaridad y ayuda mutua entre los asociados y cumplir con el fin de crear una conciencia cooperativa.

COOPERATIVA HORTÍCOLA: aquella en la que los asociados se organizan con la finalidad de: a) colocar la producción de sus asociados, en estado natural o industrialización; b) establecer viveros o semilleros para proporcionar a sus asociados las especies vegetales adaptables a la zona; c) establecer fábricas para la industrialización de hortalizas y legumbres, como así también de envases para los productos; d) adquirir artículos de consumo, de uso personal, instrumentos, maquinarias, animales, repuestos, enseres, bolsas, hilos, etc., necesarios para la explotación hortícola de los asociados; e) propender el desarrollo científico-técnico de la producción hortícola; f) adquirir y/o arrendar campos, chacras, granjas, para sí o para los asociados; g) fomentar por todos los medios posibles los hábitos de economía y previsión; h) contratar por cuenta de los asociados, en forma individual o colectiva, toda clase de seguros relacionados con sus actividades hortícolas; i) auspiciar la creación de consorcios camineros; j) instituir concursos y premios para estimular el mejoramiento de la horticultura y, k) fomentar el espíritu de ayuda mutua entre los asociados y cumplir con el fin de crear una conciencia cooperativa, educando y fomentando la armonía entre consumidores y productores.

COOPERATIVA INDUSTRIAL: asociación de trabajadores dedicados a la transformación o modificación de las materias primas y a la consecución de cualquier otro objeto de carácter industrial. La sociedad la dirigen los propios trabajadores, repartiéndose los beneficios de acuerdo con el trabajo que cada uno haya realizado. Esta cooperativa industrial o de producción según algunos autores eran el único medio para llegar a ser propietario, Según Gide, este tipo de cooperativa tiene ciertas causas que obstaculizan su desenvolvimiento. Ellas pueden resumirse: 1) falta de capital, la empresa requiere más capital de trabajo al desarrollarse; 2) falta de clientela, debe sostenerla competencia con empresas capitalistas; 3) falta de educación económica y técnica de la clase obrera y, 4) tiende a reconstruir las formas que se habían propuesto eliminar. Cuando la cooperativa crece se niega a admitir nuevos socios y toma personal asalariado y se convierte en una sociedad de pequeños empresarios.

COOPERATIVA INDUSTRIAL TIPO BOIMONDAU: su origen se produce a instancias de Marcel Barbu en 1941, formándose la denominación de la institución de la siguiente forma: *boites de montres du dauphine*. Era una verdadera comunidad de vida total. La propiedad de los medios de producción era colectiva, es decir, indivisible en partes o acciones. Además, el retiro de un asociado no admitía la devolución de su aporte originario. La cultura física, moral e intelectual tenía mucha importancia dentro de la fábrica a los efectos de la formación de la personalidad de sus asociados. Su especialidad era la relojería.

COOPERATIVA LECHERA: la que tiene por objeto la venta en común de la leche producida por el ganado propiedad de sus asociados, así como la fabricación de mantecas, quesos y otros productos y el aprovechamiento de los residuos.

COOPERATIVA LIBRE DE CONSUMIDORES: dentro de la teoría cooperativa es la formada por la iniciativa individual de los propios consumidores, similar al prototipo de la cooperativa Rochdale *(B. Lavergne).* ◆ Cooperativa espontánea de consumidores.

COOPERATIVA MARÍTIMA: la sociedad constituida por trabajadores dedicados a la industria marítima y sus derivados, para aprovecharse de sus beneficios y de las ventajas que las leyes de cooperación concedan *(B. Cerdá Richart)* ◆ Cooperativa de mar.

COOPERATIVA MERCANTIL: la constituida por industriales y comerciantes de una misma rama o similar, para la adquisición en común de las primeras materias y maquinarias que precisan para sus negocios, como también para la fabricación de los artículos con idéntica finalidad *(B. Cerdá Richart).*

COOPERATIVA MIXTA: cooperativa que admite el retorno individual y al mismo tiempo la consecución de los fines sociales, repartiendo el excedente en una proporción

que varían de unas a otras, si bien muchas veces se efectúa equitativamente, por parte iguales, entre ambos conceptos *(J. Salas Antón).*

COOPERATIVA MULTIACTIVA: la que se constituye con el objeto de satisfacer diversas necesidades. Los servicios se deben organizar en departamentos independientes de acuerdo con las características de cada tipo especializado de cooperativa.

COOPERATIVA NO MERCANTIL U OBRERA: la formada por trabajadores u obreros de un mismo oficio o profesión para ejercer el trabajo en común, en fábricas o talleres adquiridos en propiedad, o arrendados en beneficio propio *(B. Cerdá Richart).*

COOPERATIVA NO PROTEGIDA: la formada por industriales y comerciantes que no goza de exención fiscal de ninguna clase. También comprende a la cooperativa que no cumple las condiciones establecidas por la legislación fiscal *(B. Cerdá Richart).*

COOPERATIVA PESQUERA: aquella en la que los asociados se organizan con el objeto de: a) gestionar dentro de las prescripciones de las leyes vigentes la obtención de permisos de pesca en aguas jurisdiccionales para sus asociados; b) comercializar la pesca obtenida por sus asociados; c) proveer a sus asociados embarcaciones y elementos de pesca; d) establecer plantas industriales para la evisceración y fileteado de la pesca obtenida y aprovechamiento de desecho; e) otorgar créditos a sus asociados para las operaciones inherentes a su trabajo y conceder adelantos de dinero a cuenta de los productos entregados a la cooperativa; f) propender al mejoramiento de la actividad pesquera y a la defensa de los intereses económicos de los asociados y, g) fomentar el espíritu de solidaridad y ayuda mutua entre los asociados y cumplir con el fin de crear una conciencia cooperativa.

COOPERATIVA PRIMARIA: cooperativa de primer grado o base.

COOPERATIVA PROTEGIDA: la formada por obreros o trabajadores, para la explotación de una determinada industria o prestación de servicios sin ánimo de lucro, que goza de la exención de toda clase de cargas fiscales *(B. Cerdá Richart).*

COOPERATIVA PÚBLICA: toda cooperativa que tiene la característica curiosa de que sus miembros, en vez de ser personas particulares, son casi únicamente personas morales de derecho público *(B. Lavergne).*

COOPERATIVA TAMBERA: la que tiene por objeto: a) vender los productos de los asociados; b) facilitar, propiciar o proceder a la adquisición de buenos reproductores con miras al mejoramiento y selección del ganado de los tamberos de sus asociados y aumento de su capacidad de producción; c) adquirir y/o arrendar campos con destino a invernada o cría, así como también chacras, granjas, etc., para sí o para sus asociados; d) crear establecimientos para la industrialización de los productos de los asociados, así como fábricas para la elaboración de los elementos necesarios a la actividad de los mismos; e) auspiciar la creación de viveros y semilleros y organizar consorcios camineros; f) adquirir por cuenta de la cooperativa y proveer a los asociados la posibilidad de adquirir por cuenta de los mismos artículos de consumo, productos, instrumentos, maquinarias, herramientas, repuestos, enseres, productos veterinarios, semillas forrajeras y todo cuanto fuere necesario para la actividad específica de aquéllos y para el consumo familiar; g) propender al abaratamiento de los costos de producción y a la simplificación de la comercialización para beneficiar al consumidor; h) procurar por intermedio de los organismos oficiales la exportación a países consumidores de los productos de sus asociados en su estado natural, manufacturados o industrializados; i) gestionar ante las autoridades públicas, empresas de transportes de navegación, etc., la modicidad de las tarifas y todos los beneficios posibles para el afianzamiento económico del tambero y, j) fomentar el espíritu de ayuda mutua entre los asociados.

COOPERATIVA VITIVINÍCOLA: aquella en que los asociados se organizan con el objeto de: a) establecer bodegas para vinificar la uva de sus asociados; b) establecer fábricas para la industrialización y/o elaboración de frutas y todo otra producto regional; c) vender en los mercados la producción vitivinícola y frutícola de sus asociados en estado natural o previo acondicionamiento, elaboración y/o industrialización; d) construir, adquirir, arrendar locales para almacenes, bodegas, usinas, secaderos; e) adquirir o arrendar tierras; compra de animales de trabajo, granizo, máquinas, drogas y demás elementos necesarios para sus explotaciones; f) formar viveros para proporcionar a sus socios las variedades de vides y frutales que mejor se adapten a la zona; g) propiciar la contratación de seguros contra accidentes de trabajo, granizo, incendio u otros que respondan a un alto espíritu de previsión; h) adquirir, para proveer a sus asociados, artículos de consumo, de uso personal y del hogar; i) propender al mejoramiento de la producción de sus asociados, al fomento de la vialidad y abaratamiento de los medios de transporte, a la realización de concursos e institución de premios para estimular la producción; organizar exposiciones y mercados, difundir la enseñanza técnico-agrícola en la región, colaborando con los poderes públicos en todo aquello que pueda mejorar y acrecentar la riqueza nacional; j) fomentar la uniformidad o coordinación de la producción de los asociados y toda iniciativa tendiente a mejorar su economía; k) establecer un registro para las estadísticas de producción de los asociados y ejercer dentro de los posibles el control de la misma, tanto en la sanidad de los productos cuanto en la calidad y métodos de producción y, l) hacer suya y secundar toda iniciativa que tienda a fomentar el espíritu de unión, solidaridad, cooperación, etc., entre sus asociados y demás productores de la zona y que promueva su adelanto cultural, técnico y económico.

COOPERATIVISMO: la sociedad cooperativa es una de las formas jurídicas (la principal pero no la única) del fenómeno económico de la cooperación o mutualidad. No la única, puesto que existen entidades mutualistas. Para *F. Messineo*, la cooperativa tiene una finalidad mutualista, y como tal, se contrapone a las sociedades lucrativas. Mutualidad, implica que la sociedad debe limitarse a la distribución de las utilidades de los socios; no debe repartir reserva durante la vida de la sociedad y al cesar la sociedad, el patrimonio entero, el capital efectivamente desembolsado por los socios, debe ser destinado a fines de utilidad pública. Es ajeno a ella, por consiguiente, toda finalidad especulativa. La limitación de las utilidades repartibles, hace de esta última un carácter de derecho sustancial de la mutualidad. No obstante ella, existen otros aspectos característicos de la sociedad cooperativa según *Messineo*. La misma estrecha relaciones solamente con los socios (al menos, cuando refleja la llamada cooperación pura) y las estrecha directamente con ellos, eliminando el llamado intermediario, sea, el empresario comercial y el beneficio del mismo; el hecho de que a los socios, a cambio de la limitación en el reparto de las utilidades, les procura bienes y servicios a precio inferior al corriente o de mercado; el hecho de que los beneficios para los socios pueden no ser relacionados y proporcionales a las aportaciones; el hecho de que la mutualidad se realiza, también, mediante intercambio de servicios entre socios, o entre cooperativa y socios. Otra fórmula, quizás más precisa, enuncia que la cooperativa, haciendo ella de intermediaria a favor de los propios socios, renuncia a favor de éstos al propio beneficio; a aquel beneficio que, sin la cooperativa, redundaría en ventaja del intermediario (individuo o sociedad lucrativa) a que de ordinario debe recurrirse para obtener bienes o servicios. Se puede contemplar en la cooperativa una especie de función entre elementos de la sociedad de personas y elementos de las sociedades de capitales; estos últimos están constituidos por las remisiones a la disciplina de las sociedades por acciones. Más en general, sostiene *Messineo*, la mutualidad se manifiesta en el momento en que la sociedad cooperativa debe dar algún destino a las utilidades; pero la misma, que se debe concebir como un motivo relevante, y no como la causa de la sociedad, no altera el hecho de que la cooperativa, antes de ser una entidad mutualista es una especie del género sociedad. Desde el punto de vista de la obtención de las utilidades no hay diferencia alguna entre la sociedad lucrativa y la sociedad mutualística. La diferencia está únicamente en la medida de la distribución de las utilidades, la cual en la sociedad mutualista es limitada, mientras que en las sociedades lucrativas, puede ser total. Por lo tanto, no es adecuado sostener que la cooperativa, no se proponga obtener utilidades, y tampoco que no las distribuya. Pero sí es razonable decir, según *Messineo*, en proporción modesta; por lo que la diferencia respecto de la sociedad lucrativa, lo es, desde el mencionado punto de vista, cuantitativo y no cualitativo. Además, el socio de cooperativa recibe igualmente, no bajo forma de utilidades, pero sí como beneficios económicos una compensación. Es decir, desde el punto de vista económico, la contraposición de las sociedades lucrativas queda atenuada si se reflexiona que, el beneficio económico (aun cuando no utilidad en sentido jurídico, esto es, fruto de capital) es no solamente el recibir dividendos, sino también el ahorro sobre el precio en la adquisición de bienes o servicios. No obstante ello, es un tema controvertido en la doctrina. Es necesario remarcar que la participación en la cooperativa no es libre, es necesario que quien aspira a ser socio de ella pertenezca a una determinada categoría de personas que a su vez requiere determinados bienes y servicios, y en consideración a la cual la ley sustancial consiente la constitución de la sociedad y le confía el ejercicio de determinadas actividades. A su vez, *Cesare Vivante* sostiene que "las cooperativas están constituidas por un número ilimitado de socios, por lo común pertenecientes a las clases más humildes, que tratan de prestarse por medio de un fondo social aquellos servicios que de otra manera tendrían que pagar a los traficantes por un precio más alto". Agrega, luego: "Todas las aplicaciones de método cooperativo se proponen mejorar las condiciones de los socios, ayudando a su peculio particular con la industria de la empresa social, y repartiendo entre ellos los beneficios resultantes de ella en proyección al trabajo que prestaron a la sociedad". A pesar del transcurso del tiempo el espíritu del cooperativismo, se mantiene intacto y vigente ◆ Tendencia o doctrina favorable a la cooperación en el orden económico y social. Teoría y régimen de las sociedades cooperativas ◆ Conjunto de entidades y/o personas que ejercen la cooperación ◆ Movimiento que fomenta la reforma de las estructuras económicas actuales mediante la expansión del sistema cooperativo. Aspira a dar fundamentos éticos a la producción y el consumo eliminando la competencia con fines de lucro en las relaciones económicas. En primera instancia es necesario expresar que se contrapone al individualismo capitalista. Es una corriente social basada e inspirada en los intereses comunitarios. Existe una evidente y clara autonomía frente al Estado. De todo lo expuesto resulta claro que se torna fundamental la capacidad de iniciativa de los componentes o miembros de esta corriente para resolver los problemas del sistema. ◆ Doctrina o sistema político y social que propugna la intervención estatal en la solución de conflictos laborales, a través de la creación de corporaciones profesionales que nucleen o agrupen a los empresarios o trabajadores. El fundamento radica en la representación de la sociedad en las agrupaciones corporativas o profesionales. Es decir, es un sistema social y económico basado en los gremios de trabajo ◆ Conjunto de las instituciones que agrupan bajo la ley mayoritaria y la fiscalización del Estado a las empresas de una misma industria o de una misma rama económica. ◆ Ver **Sociedad cooperativa**.

COOPERATIVISTA: adicto o partidario del cooperativismo

COOPERATIVIZACIÓN: proceso de formación y consolidación de un sistema integral de empresas, cooperativas, que conforman un importante sector de la economía nacional, cuyo interés fundamental es: la satisfacción de las necesidades de los asociados y la comunidad.

COOPERATIVO: que coopera o puede cooperar con algo.

COSTO DE VENTAS: cuenta de resultado en la que se debita el costo de producción o adquisición de las mercaderías vendidas. ◆ Costo total de los productos o mercaderías vendidos durante el ejercicio contable. La determinación del costo de las mercaderías vendidas en el caso de no registrarse operación por operación, se realiza mediante el siguiente cálculo: Existencia inicial + compras - existencia final. ◆ Costo de las mercaderías vendidas. ◆ Costo de bienes vendidos y servicios prestados.

COSTO FIJO: gastos incurridos, por diversos conceptos, cuyos montos no varían en relación con el volumen de la producción o de las ventas. Generalmente están en función de una capacidad determinada, así, por ejemplo, con el tamaño de una planta o con la estructura de ventas. ◆ Costo constante. ◆ Costo rígido. ◆ Costo del período.

COSTO FINANCIERO: el formado por el interés devengado por el uso de capital. En el concepto económico, tal capital es tanto el propio como el de terceros.

COSTO INDUSTRIAL: valor de la mercancía fabricada teniendo en cuenta el valor de la primera materia invertida, los jornales satisfechos, contribuciones e impuestos, los gastos generales de fabricación y la amortización de maquinarias y de útiles y herramientas *(B. Cerdá Richart)*.

COSTO VARIABLE: el que varía en relación directa con el volumen de producción o ventas. Su magnitud cambia en relación directa con el grado de actividad de la empresa.

CRÉDITO: movimiento que se registra en el haber de una cuenta ◆ Importes acumulados en el haber de una cuenta ◆ Derecho que uno tiene a recibir de otro una suma de dinero u otro bien ◆ Opinión de la que goza una persona que cumplió puntualmente los compromisos que contrajo ◆ Préstamo ◆ Operación que implica una prestación presente contra una futura.

CRÉDITOS: rubro del activo en donde se incluyen todas las cuentas que comprendan conceptos a cobrar por parte de la empresa, o servicios o bienes a recibir. ◆ Derechos que el ente posee contra terceros para percibir sumas de dinero u otros bienes o servicios (siempre que no respondan a las características de otro rubro del activo). Deben discriminarse los créditos por ventas de los bienes y servicios correspondientes a las actividades habituales del ente de los que no tengan ese origen. Se pueden agrupar en: 1) Créditos por Ventas (Deudores por Ventas, Deudores Morosos, Deudores en Gestión Judicial, etc.). 2) Otros Créditos (Accionistas, etcétera).

CUADRO DE PÉRDIDAS Y GANANCIAS: ver **Estado de resultados.**

CUARTO INTERMEDIO: intervalo que se produce en una asamblea de acuerdo con las normas vigentes.

CUENTA CORRIENTE: en virtud del contrato de cuenta, los créditos derivados de las remesas recíprocas de las partes se anotan como partidas de abono o de cargo en una cuenta y sólo el saldo que resulte a la clausura de la cuenta constituye un crédito exigible y disponible. ◆ Cuenta en un banco

que requiere la utilización de una chequera. ◆ De acuerdo con la balanza de pagos se denomina así a las importaciones y exportaciones de mercancías, así como a los ingresos y pagos por conceptos de servicios prestados al exterior o recibidos de éste.

CUENTAS DE ORDEN: mediante ellas se registran operaciones que si bien originalmente no afectan al estado patrimonial, pueden sí generar, en virtud de una determinada condición o una relación jurídica con terceros, un efecto sobre el patrimonio. Ponen de manifiesto situaciones especiales. En general, se registran hechos contingentes por medio de estas cuentas. No obstante lo expuesto, para algunas normas contables, la información complementaria se expone en notas y anexos pero no en cuentas de orden.

CUENTAS DE RESULTADO: brindan datos e informaciones relacionados con los resultados de la empresa que pueden ser de ganancias (positivos) o pérdidas (negativos), que determinan un aumento o disminución del patrimonio neto del ente. Normalmente, se expresan como subdivisiones de la cuenta *Ganancias y Pérdidas*. Los saldos de las cuentas, deudores o acreedores, se transfieren a ella.

CUENTAS PATRIMONIALES: brindan información sobre las cuestiones patrimoniales. Son representativas de los distintos componentes del patrimonio. Se las divide en cuentas patrimoniales del activo, que representan a todos los bienes o derechos que alguien posee, en cuentas patrimoniales del pasivo, las cuales representan todas las deudas y obligaciones y las cuentas patrimoniales propiamente dichas, que son aquellas que conforman el patrimonio neto como diferencia del activo y pasivo. Por ej.: Capital social.

CUENTAS REGULARIZADORAS: utilizadas para ajustar el saldo de otras cuentas con la finalidad de presentarlo con el mayor ajuste a la realidad. Son cuentas complementarias que mejoran la exposición de la información contable y corrigen el saldo de las respectivas cuentas principales.

CUOTAS SOCIALES: partes en que se divide el capital de las cooperativas. Son indivisibles e integradas por las asociaciones de las cooperativas. Debe constar en acciones representativas de una o más, que revisten el carácter de nominativas. El estatuto debe establecer las formalidades de las acciones. Son esenciales las siguientes: 1) denominación, domicilio, fecha y lugar de constitución; 2) mención de la autorización para funcionar y de las inscripciones previstas; 3) número y valor nominal de las cuotas sociales que representan;

4) número correlativo de orden y fecha de emisión y, 5) firma autógrafa del presidente, un consejero y el síndico.

El órgano local competente puede autorizar, en cada caso, el reemplazo de la firma autógrafa por una impresión que garantice la autenticidad de las acciones.

D

DECLARACIÓN: explicación o exposición que realiza una persona con respecto a hechos o circunstancias determinadas.

DECRETO LEY: disposición de carácter legislativo que se promulga por el Poder Ejecutivo sin ser sometida al órgano adecuado, en virtud de alguna excepción originada en gobiernos de facto.

DECRETO REGLAMENTARIO: interpretación del Poder Ejecutivo correspondiente a una ley. Dicha interpretación no puede modificar a la ley, ni ir más allá de lo que ésta puede decir.

DEDUCCIONES: erogaciones que la ley tributaria admite descontar de los montos imponibles por haberse incurrido en gastos para la obtención de ingresos imponibles o por tratarse de sumas necesarias para el mantenimiento y obtención de los montos gravados como del titular de las rentas y sus familiares y de las fuentes que generan los beneficios gravados. ◆ Conceptos previstos expresamente por la ley del impuesto respectivo que puedan detraerse de la materia imponible con el objeto de establecer la base imponible sujeta a impuesto.

DEMOCRACIA: régimen político que institucionaliza la participación de todo el pueblo en la organización y en el ejercicio del poder mediante la intercomunicación continuada entre gobernantes y gobernados, el respeto de los derechos y las libertades de los individuos y de sus grupos y el establecimiento de condiciones económico-sociales con igualdad de oportunidades para todos *(P. L. Verdú).*◆ Forma de gobierno encantadora, anárquica y pintoresca, pues establece una especie de igualdad tanto entre iguales como entre desiguales *(Platón)* ◆ Gobierno de la multitud rectamente orientada ◆ Organización liberadora y personalizadora en la justicia y la igualdad, fecunda por la solidaridad fraterna ◆ Se da cuando el ciudadano tiene la oportunidad de aceptar o rechazar a las personas que en libre competición por el voto del electorado aspiran a obtener el poder *(J. Schumpeter)* ◆ Justicia con libertad ◆ República ◆ Sistema en el que el poder no está en manos de unos pocos, sino de la mayoría *(Tucídides)*

DEMOCRACIA CORPORATIVA: doctrina basada en la organización democrática que impera en una cooperativa. Característica relevante de la cooperativa ◆ Ver **Principios cooperativos.**

DEMOCRACIA PARTICIPATIVA: conjunto de mecanismos e instancias que poseen los ciudadanos y las comunidades para incidir en las estructuras estatales y en las políticas públicas sin requerir necesariamente la representación partidista, gremial, de algún sector hegemónico. En realidad, es un ideal social que articula lo individual y lo colectivo, lo ético y lo político.

DEMOCRACIA SOCIAL: doctrina o corriente que unifica la organización democrática del Estado con la socialización de la economía, eliminando las clases.

DENOMINACIÓN SOCIAL: la denominación debe inlcuir el vocablo "cooperativa" con el agregado de la palabra o abreviatura que corresponda a su responsabilidad. Debe indicar la naturaleza de la actividad principal o la mención "servicios múltiples" en su caso.

DERECHO COMERCIAL: parte del derecho privado que regula las operaciones jurídicas hechas por los comerciantes, ya sea entre ellos, ya sea con sus clientes. Estas operaciones se refieren al ejercicio del comercio y por ello se denominan actos de comercio. Pero, teniendo en cuenta que accidentalmente uno de esos actos puede ser ejecutado por una persona que no sea comerciante, el derecho comercial regula también estos actos sin consideración de la persona de su autor *(G. Ripert)* ◆ Conjunto de principios que rigen las operaciones sometidas al mismo por razones de interés general y establecen los derechos y las obligaciones de las personas que a ellas se dedican *(R. Castillo).* ◆ Conjunto de hechos y estados jurídicos que por razones de interés general se hallan sometidos a las leyes mercantiles *(J. J. Prado).* ◆ Parte del derecho privado que regula las operaciones jurídicas hechas por los comerciantes, ya sea entre ellos, ya sea con sus clientes.

◆ Conjunto de leyes o normas que tratan sobre materia comercial. El conjunto de principios que rigen las operaciones comerciales de interés general y establecen los derechos y las obligaciones de las personas que a ellos se dedican. Es la parte del derecho privado que regula las operaciones jurídicas hechas por los comerciantes, ya sea entre ellos, ya sea con sus clientes. Estas operaciones se refieren al ejercicio del comercio y por ello se denominan actos de comercio. Pero, teniendo en cuenta que accidentalmente uno de esos actos puede ser ejecutado por una persona que no sea comerciante, el derecho comercial regula también estos actos sin consideración de la persona de su autor. ◆ Derecho Mercantil.

DERECHO COOPERATIVO: rama especializada del Derecho dirigida a organizar la actividad de los entes cooperativos que tienen los contenidos básicos en todo el mundo. Contenidos que provienen de las fuentes de interpretación e integración de esta rama jurídica tan particular, donde los principios cooperativos estén o no incorporados en la legislación regular, forman parte y son fuente de información y determinación de las vías, que deben tomar las situaciones jurídicas surgidas entre cooperativistas, entes cooperativos y de grupos de personas físicas o jurídicas y el resto de particulares

o el mismo Estado. Los diversos derivados de la relación de sus participantes, personas físicas o jurídicas, determinan la existencia de un complejo ordenamiento jurídico cooperativo constituido fundamentalmente por: 1) normas especiales de las cooperativas y entes cooperativos; 2) normas bancarias; 3) normas tributarias y, 4) normas de derecho público ◆ Conjunto de normas especiales, jurisprudenciales, doctrinarias y prácticas basadas en los principios que determinan y condicionan la actuación de los organismos cooperativos y los sujetos que en ellos participan *(Ley de Cooperativas del Uruguay).*

DERECHO DE INFORMACIÓN: facultad que tienen los asociados de acceder a las constancias del registro de asociados y a otras inquietudes que se deben brindar al síndico.

DESCENTRALIZACIÓN: acción y efecto de descentralizar ◆ Se produce por el proceso de delegación de autoridad en los diferentes subordinados. Esta delegación debe ser completa, clara y suficiente ◆ Se aplica cuando las facultades públicas se distribuyen entre diversos organismos ◆ Dispersión del poder del gobierno central hacia otros niveles del gobierno.

DEUDAS: rubro del pasivo en el que se presentan todas las cuentas que importen obligaciones de la empresa. ◆ Son aquellas obligaciones ciertas, determinadas o determinables. ◆ Componentes: *Cuentas por pagar; Remuneraciones y Cargas Sociales; Cargas Fiscales; Dividendos; Anticipo de Clientes;* etcétera.

DEUDOR: en un concepto general, el obligado a dar, hacer o no hacer alguna cosa. En términos más estrictos, aquel que debe cancelar una obligación ◆ Persona que tiene una deuda con otra u otras.

DGC: ver **Dirección General de Cooperativas.**

DÍA INTERNACIONAL DE COOPERATIVAS DE CRÉDITO: el Consejo Mundial de Cooperativas de Créditos celebra este día al tercer jueves de octubre de cada año desde 1948 y que sirve para recordar y profundizar los logros alcanzados por el movimiento sindical de crédito. Sirve para honrar a quienes han dedicado su vida al movimiento.

DÍA INTERNACIONAL DE LAS COOPERATIVAS: en julio de 1995 la Asamblea General de las Naciones unidas decidió fijar como tal el primer sábado de julio de cada año. ◆ Se fijó dicha fecha en conmemoración del centenario de la creación de la Alianza Cooperativa Internacional (ACI). Esta institución agrupa a organizaciones cooperativas de 100 países y el total de sus miembros alcanza a 750 millones. El 23 de diciembre de 1994, la Asamblea General de la ONU, por medio de una resolución invitó a los gobiernos, organizaciones internacionales, organismos nacionales e internacionales a observar anualmente el "Día Internacional de las Cooperativas", reconociendo que las cooperativas estaban pasando a ser un factor indispensable del desarrollo económico y social. Una de las maneras en que la ONU mostró este reconocimiento fue al declarar, en 1995, que el "Día Internacional de las Cooperativas" debía ser celebrado cada año por los gobiernos en colaboración con sus movimientos cooperativos.

DIFERENCIA DE INVENTARIO: diferencias producidas, a una fecha determinada, entre el saldo de las existencias de los bienes según libros y el inventario físico. Si el recuento físico resultare superior al saldo en libros, la diferencia entonces sería positiva, debitándosela en la cuenta patrimonial correspondiente contra una cuenta de resultado de ganancias; mientras que, por el contrario, si el recuento diera una cantidad inferior a la existente según libros, esta diferencia sería negativa, por lo que debería acreditársela a la cuenta patrimonial respectiva contra una cuenta de resultado de pérdidas. En este último caso puede ser que en lugar de enviar esta diferencia negativa a pérdidas, en el caso de procesos productivos, sea imputada al costo de producción.

DINERO: elemento difundido y aceptado como medio de cambio y medida de valor para ser entregado en pago de bienes y servicios o como cancelación de deudas y obligaciones. La creación del dinero en la antigüedad surge como una necesidad para poder realizar intercambio de bienes, por cuanto el mecanismo del trueque ofrecía grandes complicaciones, como por ejemplo, la necesaria simultaneidad de necesidades de los productos ofertados por ambas partes. Por otra parte, este sistema impedía la relación de valor entre las distintas cosas objeto del intercambio. Es así que en forma espontánea fue surgiendo un bien aceptable por la gente como medio de cambio y de valor. Con el transcurso del tiempo, el dinero fue cumpliendo las siguientes funciones: a) La más importante: actuar como medio de cambio; ser aceptado en toda clase de intercambio comercial como medio de pago. b) Medida de valor, a los efectos de establecer comparaciones entre el valor de distintos bienes y servicios en referencia a un valor patrón. Actuar como unidad de cuenta. c) Medio de pago, que permite cancelar deudas y obligaciones, sea en el presente como en un futuro. d) Medio de atesoramiento. Debe permitir su almacenamiento mante-

niendo, en el transcurso del tiempo, tanto su valor de cambio como su condición física, es decir, que no sea deteriorable *(C. Martínez)* ◆ Conjunto de cosas, objetos físicos o derechos, poseídos por el público y aceptados comúnmente como instrumento de cambio en los usos a que normalmente se los consagra *(Angell)* ◆ Medio establecido por la ley o la costumbre para el pago de las deudas *(Hawtrey).*

DIRECCIÓN ELECTRÓNICA: forma de ubicar a cada persona y computadora en la red. Se emplea el punto para reparar los subdominios de las direcciones de correo y páginas electrónicas. El último elemento no va seguido de punto

DIRECCIÓN GENERAL DE COOPERATIVAS: en Nicaragua, organismo encargado del control, de la constitución de las organizaciones cooperativas. El Estado según la ley, garantiza el libre desarrollo y autonomía de las cooperativas y las define como enpresas asociativas de interés social, constituidas legalmente por la libre voluntad de sus asociados para producir de forma colectiva, bienes o generar servicios en beneficio de sus asociados. ◆ DGC.

DISOLUCIÓN: fin de la existencia de una cooperativa. Cese de la existencia de la sociedad que puede acontecer por: 1) decisión de la asamblea; 2) reducción del número de asociados por debajo del mismo; 3) declaración de quiebra; 4) fusión o incorporación; 5) retiro de la autorización para financiar como tal y, 6) otra disposición obligatoria emanada de la autoridad competente.

DISTRIBUCIÓN DE EXCEDENTES: ver **Fourier Charles.**

DISTRIBUCIÓN DE LOS EXCEDENTES REPARTIBLES: las excedentes se reparten o distribuyen de acuerdo con lo estipulado en cada legislación. Normalmente se distribuyen anualmente en proporción a las operaciones que cada asociado ha realizado en el año con la cooperativa. La parte que le corresponde a cada asociado se llama retorno. Los asociados que han comprado más, vendido más o trabajado más en el año de acuerdo con las operaciones de la cooperativa, reciben más. En la Argentina, cinco por ciento de destina a la reserva legal, cinco por ciento a un fondo de acción asistencial y laboral o para estímulo del personal, cinco por ciento al fondo de educación y capacitación cooperativa, una suma determinada para pagar sin interés a las cuotas sociales si lo autoriza el estatuto, y el resto como retorno a los asociado.

DISTRIBUCIÓN DE MERCADERÍAS: expresión que se utiliza por el acto en el cual los asociados de la cooperativa se suministran a sí mismos los productos requeridos.

Se utiliza para expresar lo que en otra instancia se denomina venta.

DOCTRINA COOPERATIVA: conjunto de principios en que se inspira todo el régimen cooperativo, para llegar a un mundo ideal *(R. Rojas Coria).*

DOCUMENTACIÓN CONTABLE: comprobantes que emiten los comerciantes al realizar operaciones mercantiles para poder tener una constancia escrita de las actividades desarrolladas. Estas operaciones vinculadas con su actividad económica están respaldadas por documentos emitidos por el término de diez años contados a partir del momento de su emisión.

DOCUMENTO EQUIVALENTE: documento equivalente al remito o a la factura, atendiendo a usos y costumbres propias de ciertas actividades. Deben cumplimentarse los requisitos exigidos a la factura o remito.

DOMICILIO FISCAL: el domicilio real o en su caso, el legal de carácter general de acuerdo con las normas legales vigentes.

E

ECONOMÍA: ciencia que se ocupa de las cuestiones que surgen en relación con la satisfacción de las necesidades de los individuos y de la sociedad.◆ Es la ciencia que estudia la asignación más conveniente de los recursos escasos de una sociedad para la obtención de un conjunto ordenado de objetivos *(Mochón y Beker)* ◆ En un sentido amplio, se refiere a la actividad que administra los recursos aplicados a procesos productivos tendientes a obtener bienes y servicios para satisfacer las necesidades humanas ◆ Conjunto de actividades que permiten al hombre adquirir los medios escasos con que satisfacer sus necesidades ◆ Ciencia que estudia la forma de satisfacer múltiples necesidades de los hombres que se enfrentan con bienes y servicios cuya disponibilidad no es ilimitada o infinita, sino que son escasos ◆ Ciencia que estudia las interrelaciones entre la especie humana y el hábitat natural (planeta Tierra) donde desarrolla sus actividades y del que obtiene los recursos que emplea en forma directa o transformándolos en bienes y servicios con los cuales satisface sus múltiples necesidades *(A. Digier)* ◆ Estudia la evolución de la producción social desde sus formas inferiores a sus formas superiores; la aparición, el desarrollo y la desaparición de los regímenes sociales, fundados sobre la explotación del hombre por el hombre *(Academia de Ciencias de la ex URSS)* ◆ La economía política o economía es el estudio del género humano en los asuntos ordinarios de la vida; examina aquella parte de la actividad individual y social más íntimamente ligada a la consecución y al uso de los factores materiales del bienestar *(A. Marshall)* ◆ La economía como ciencia positiva, como ciencia que trata de determinar uniformemente leyes adecuadas para prever y, por tanto, "dominar" acontecimientos reales *(M. Friedman)* ◆ Conjunto de mercados relacionados entre sí, incluidos mercados de trabajo, de bienes, etcétera, organizados en forma libre, centralizada, planificada o mixta. También se involucra a otras actividades ajenas al mercado, por ejemplo: organizaciones sin fines de lucro, entidades benéficas, asociaciones patronales, etcétera ◆ Conjunto de hechos y actos relacionados con la subsistencia y el bienestar del hombre en el orden material de la vida *(W. Beveraggi Allende)* ◆ Administra los bienes y recursos. Planifica el discreto empleo del dinero; señala la mejor aplicación de las energías y jerarquiza las necesidades físicas o psíquicas imprescindibles *(J. Olivera)*.◆ Método científico aplicado a la experiencia cotidiana. Está fundamentado en su aplicación a problemas reales y sus temas de investigación son examinados de tal forma que pongan a prueba la habilidad de quienes tratan de aplicar su conocimiento a las circunstancias presentes ◆ Estudio de la aplicación de ciertos recursos escasos a diferentes fines ◆ Estudio de la manera en que los hombres y la sociedad utilizan, haciendo uso o no del dinero, unos recursos productivos "escasos" para obtener distintos bienes y distribuirlos para su consumo presente o futuro entre las diversas personas y grupos que componen la sociedad *(P. Samuelson)* ◆ Literalmente significa ley u orden de la casa. El adecuado gobierno de la casa comprende la

debida administración de todo lo que es necesario para la vida de los que son parte de esa comunidad. El fin de esta administración es el fin del gobierno familiar. El orden económico es propio e inseparable de toda sociedad humana ◆ Palabra que deriva del griego *oikonomike* (*oikós* = todo lo que uno posee; *monos* = administración), en el sentido empleado por los griegos. Significa el acto de administrar prudente y sistemáticamente el patrimonio familiar. Sin embargo, Aristóteles, que se interesaba sobre todo en la obtención de un ingreso para el estado, usaba con frecuencia la expresión "economía política". Por ese motivo, al final de la Edad Media, cuando resurgió con gran fuerza la preocupación por el tema y los estadistas estudiaban el arte de hacer a los pueblos ricos y autosuficientes por medio de reglas jurídicas nacionales, se familiarizó la expresión "economía política" *(J. M. Ferguson)* ◆ Ciencia que trata de la conducta humana ante el fenómeno de la escasez.

ECONOMÍA DE TRUEQUE: aquella cuya actividad económica de intercambio se basa exclusivamente en mercancías, excepto en moneda. Es decir, el valor se expresa en función de otros bienes.

ECONOMÍA POLÍTICA: disciplina que se ocupa del estudio de la asignación de los recursos necesarios para la satisfacción de las necesidades humanas y de los mecanismos de funcionamiento de las estructuras sociales para efectuar la asignación de los bienes y servicios ◆ Estudio de las distintas estructuras de retribución entre las que la sociedad puede (y, por lo tanto, debe) elegir: ¿cómo funcionan dichos mecanismos en un sistema existente o imaginable –los derechos legales, determinados mercados, los impuestos y las subvenciones, los derechos y las obligaciones, etcétera– en la configuración de las oportunidades de los individuos?, y ¿en qué medida tienden a funcionar bien o mal? El estudio de los efectos de algunos mecanismos y sistemas utilizados (y utilizables) por las sociedades para gestionar su economía social *(E. Phelps)*.◆ Ciencia social que estudia la conducta humana referente a la relación entre fines y medios escasos susceptibles de usos alternativos *(B. Cornejo)*.

ECONOMÍA SOCIAL: para algunos autores, la economía social es un procedimiento keynesiano de salida de la crisis, porque la utilización de organizaciones de tipo cooperativo y microempresario sirvió para incitar a ciertos actores a reorganizar con sus propios recursos las actividades productivas en crisis, y permite al Estado ocuparse prioritariamente de otras grandes operaciones de reestructuración industrial. Esto está relacionado,

en parte, con las dimensiones de la economía social de cada país, con el crecimiento del sector informal y con la estructura industrial de cada rama de actividad, así como con la tensión entre la economía política dominante, las políticas del Estado hacia el sector cooperativo informal y la concepción prevaleciente desde comienzos del siglo XX del movimiento cooperativo socialista. Es notable que en los países desarrollados, el propio Estado se ocupó de apoyar la reestructuración de este sector de la economía social o de la conversión del sector cooperativo en sociedades-empresas para facilitar la transformación de los vínculos de este tipo de unidad productiva con los procesos de reestructuración del Estado. El renacimiento cooperativo en los países centrales se debe a que este tipo de establecimientos permite mejor que otros lograr una confluencia entre las nuevas experimentaciones y las organizaciones cooperativas nacidas a comienzos del siglo, bajo el dogma socialista. Socialmente, la cooperativa tiene una doble lógica: por un lado, es reaccionaria al modelo capitalista y, por el otro, sostiene una lógica de adaptación funcional a ese tipo de producción. Esta característica impone por sí misma un marco regulatorio que contiene por definición una regla de distribución y una regla de un solo derecho a voto por miembro. De manera que, estos marcos regulatorios de las entidades económicas tienen efectos sobre mecanismos de regulación del mercado de productos y de empleo. Para los autores franceses y canadienses, las cooperativas, tomadas como modelo típico de esta franja de la economía, pueden afrontar un nuevo modelo de compromiso social para con el Estado, y para con otras empresas con mayor posibilidad de suplir al Estado en algunas políticas sociales y generar empleo o mecanismos de comercialización más apropiados para la adaptación a la crisis. En el modelo español, por ejemplo, se trata de ampliar y afianzar la fase mercantil de la cooperativa ◆ La que tiene por misión el estudio de las instituciones susceptibles de mejorar la situación de la clase llamada obrera aumentando sus condiciones de vida *(E. Schop – Santos)* ◆ Realidad social que se encuentra entre la economía pública y la economía capitalista ◆ Tercer sector ◆ Economía solidaria ◆ Sector solidario ◆ Sector social.

EDUCACIÓN COOPERATIVA: proceso educativo cuyos elementos son: la planificación y evolución colectiva de la acción cooperativa cotidiana y permanente; el diseño colectivo de estructuras y procesos organizativos que propicien el desarrollo de valores democráticos, solidarios y participativos; y los procesos de formación y capacitación.

EDUCACIÓN, ENTRENAMIENTO E INFORMACIÓN: principio mediante el cual las cooperativas brindan educación y entrenamiento a sus miembros, a sus dirigentes electos, gerentes y empleados, de tal forma que contribuyan eficazmente al desarrollo de sus cooperativas. Las cooperativas informan al público en general – particularmente a jóvenes y creadores de opinión – acerca de la naturaleza y beneficios del cooperativismo.

EJERCICIO CONTABLE: período que usualmente es de un año corrido, calendario o no, en que se divide la actividad económica patrimonial y financiera de un ente. Esta acotación en el tiempo permite el cálculo de los resultados económicos obtenidos en la actividad como así también la determinación de las variaciones patrimoniales producidas en el mismo. En la actualidad, si bien se mantiene la periodicidad anual del ejercicio económico, las citadas comprobaciones se elaboran por términos de tiempo menores, como ser: mes, bimestre, trimestre, semestre. ◆ A menudo se lo utiliza como sinónimo de ejercicio económico o ejercicio económico financiero.

EJERCICIO ECONÓMICO FINANCIERO: período existente entre las fechas de dos estados contables consecutivos. Por lo general, las regulaciones sobre contabilidad determinan que la confección de los citados estados sea en forma anual o bien por determinación del estatuto; ello no significa que deba coincidir con el año calendario ◆ Ejercicio contable ◆ Ejercicio económico.

EJERCICIO FISCAL: período de doce meses, que suele coincidir con el año calendario, aunque no es necesariamente obligatorio que así sea, en el que está vigente el presupuesto fiscal.

EMBLEMA: en el símbolo internacional del cooperativismo, es el círculo que abraza a dos árboles del pino, refleja la unión del movimiento y la vigencia atemporal de sus principios.

EMPRESA: la organización en la cual se coordinan el capital y el trabajo y que, valiéndose del proceso administrativo, produce y comercializa bienes y servicios en un marco de riesgo, en el cual el beneficio es necesario para lograr su supervivencia y su crecimiento. ◆ Iniciación en cualquier actividad comercial que genere riesgos. ◆ Toda actividad mercantil con fines de lucro, cualquiera sea su forma jurídica. ◆ Organización instrumental de medios personales, materiales e inmateriales, ordenados bajo una dirección para el logro de fines económicos o benéficos. Ente donde se combinan los mismos para la fabricación de bienes y servicios. ◆

Como factor de producción es un ente inmaterial que representa el esquema e impulso organizativo, directivo y administrativo, destinado a coordinar los demás factores de la producción y a obtener de ellos el máximo rendimiento *(W. Beveraggi Allende).* ◆ Ente donde se combinan los insumos para la fabricación de bienes o servicios. ◆ Firma.

EMPRESA COOPERATIVA: posición asumida por aquellos que sostenían que la empresa perseguía una finalidad lucrativa la cual resultaba contraria al espíritu cooperativo.

EMPRESA MERCANTIL: negocio personal o de un grupo de personas con intereses comunes de cualquier tipo que ejercen una actividad económica de carácter lícito y con propósito de lucro. Se utiliza incorrectamente, en algunos países, pues resulta redundante.

EMPRESAS SOLIDARIAS: aquellas en las que los asociados desarrollan personalmente las actividades propias a su objeto social, a fin de atender las obligaciones comerciales de las cooperativas con sus clientes, en los ámbitos de la producción de bienes, la ejecución de obras o la prestación de servicios, según sea el caso, generando trabajo permanente *(H. Cardozo Cuenca).*

ENTE COOPERATIVO: institución fundada en el esfuerzo propio y la ayuda mutua para organizar y prestar servicios, constituido regularmente, con la autorización para funcionar y la inscripción en el registro de la autoridad de aplicación.

ENTIDAD LUCRATIVA: unidad identificable que realiza actividades económicas, constituida por combinaciones de recursos humanos, materiales y financieros (conjunto integrado de actividades económicas y recursos), conducidos y administrados por una autoridad que toma decisiones encaminadas a la consecución de los fines de lucro de la entidad, siendo su principal atributo la intención de resarcir y retribuir a los inversionistas su inversión, a través de reembolsos o rendimientos.

ENTIDAD NO LUCRATIVA: unidad identificable que realiza actividades económicas, constituida por combinaciones de recursos humanos, materiales y de aportación, coordinados por una autoridad que toma decisiones encaminadas a la consecución de los fines para los que fue creada, principalmente de beneficio social, y que no resarce económicamente el donativo a sus patrocinadores.

EQUIDAD: componente del espíritu cooperativo que busca la igualdad en el sentido de otorgar a cada uno lo que se merece.

EQUITABLES LABOUR EXCHANGE: primera bolsa de trabajo creada en 1832 por R. Owen. Uno de sus objetivos era pretender eliminar el dinero como medida de valor real para el trabajo. Tuvo un inicio exitoso pero posteriormente fracasó por las inconductas de los tasadores de las bolsas. La propuesta era efectuar trueque de bienes producidas por los trabajadores entregados en la Bolsa y el pago a un precio justo a los mismos.

ESCISIÓN: pueden constituirse cooperativas en virtud de otra preexistente que de lugar a la formación de una o más cooperativas que toman a su cargo parte del activo y del pasivo.

ESCUDO MUNDIAL COOPERATIVO: escudo en el que figuran dos pinos dentro de un círculo. Representa la unión solidaria como base fundamental para resolver las necesidades sociales y económicas comunes y recíprocas.

ESCUELA DE NIMES: la influencia en el mundo del cooperativismo fundamentalmente fue de carácter intelectual. C. Gide aspiraba a convertir la ciudad de Nimes (Francia) en un hogar cooperativo, es decir, el Rochdale francés. Según J. Gaumont esta escuela contribuyó a difundir e interpretar las reglas de Rochdale desde un punto de vista científico. Se sintetizan en los nueve principios de Gide:

1) Sociedades abiertas a todos sin exclusión por causas profesionales, políticas o religiosas.
2) Derecho de voto para todos los socios y un solo voto por cada miembro.
3) Acciones de escasa cuantía y a satisfacer en pequeños plazos.
4) Venta de precio corriente del comercio.
5) Venta al contado.
6) Venta al público (incluso a los socios), principio facultativo y aconsejable.
7) Reparto del excedente entre los socios a prorrata de sus compras.
8) Importancia de la producción como fin último de la sociedad de consumo.
9) Constitución de un fondo colectivo en vista de la propaganda y de la educación.
◆ Ver **Gide Charles.**

ESFUERZO COLECTIVO: la cooperativa no realiza un negocio distinto del de la actividad de cada uno de los socios y que los ha movido a incorporarse a ella. Es el instrumento creado para lograr en forma colectiva, en la esfera económica, lo que puede alcanzarse por el solo esfuerzo individual y como complemento de la propia de cada uno de sus integrantes.

ESPÍRITU COOPERATIVO: considerado en su conjunto toda cooperativa debe reunir los intereses de sus miembros mediante sacrificios, esfuerzos, solidaridad y ayuda mutua.

ESTABLECIMIENTO: local o ámbito físico en el cual las personas físicas o jurídicas, debidamente autorizadas para ello, prestan servicios directos o indirectos a la población *(Legislación Dominicana).*

ESTADO BENEFACTOR: estado que le da gran importancia al logro del bienestar social. Es el estado del bienestar ◆ Estado benevolente ◆ Consiste en un conjunto de instituciones públicas supuestamente destinado a elevar la calidad de vida de la fuerza de trabajo o de la población en su sentido lato y a reducir las diferencias sociales ocasionadas por el funcionamiento del mercado ◆ Estado que asume o desarrolla un rol activo en la configuración de la sociedad y de la economía a través de distintas técnicas operativas, respondiendo a razones ideológicas y pragmáticas ◆ Estado social.

ESTADO CAPITALISTA: se presenta como la encarnación de la voluntad popular del pueblo-nación y, si bien puede ser definido como el "Comité de negocios de la burguesía", logra ocultar su carácter de clase en el nivel de las instituciones políticas. En este sentido, la delimitación ideológica de la autonomía de la esfera política respecto de lo económico es, tal vez, la característica más relevante del Estado liberal. Además, es necesario señalar que el Estado no siempre representa directamente los intereses económicos de las clases dominantes sino sus intereses políticos.

ESTADO COMUNIDAD: conjunto de individuos y grupos intermedios entre la sociedad y los poderes públicos, caracterizado por la espontaneidad para satisfacer necesidades comunes.

ESTADO DE FLUJO DE EFECTIVO: ver **Anexo**.

ESTADO DE EVOLUCIÓN DEL PATRIMONIO NETO: ver **Anexo**.

ESTADO DE RESULTADOS: estado contable que suministra información de las causas que generaron el resultado atribuible al período. Las partidas de resultados se clasifican en resultados ordinarios y extraordinarios ◆ Cuadro de pérdidas y ganancias.◆ Ver **Anexo**.

ESTADO DE SITUACIÓN PATRIMONIAL: ver **Anexo**.

ESTATUTO: conjunto de pautas que rigen el funcionamiento de las sociedades previstas en las normas jurídicas, a las que deben someterse las personas, físicas o jurídicas, que las conforman, y que comprenden disposiciones sobre la denominación, domicilio, duración, objeto social, capital social, órganos de administración, fiscalización y sociales, designación de autoridades, plazos, distribución de las

utilidades y disolución. ◆ Conjunto de reglas de derecho establecidas por los socios en uso del principio de autonomía de la voluntad que organizan la vida de la cooperativa, fijan los derechos y obligaciones de los socios y de los órganos sociales y regulan el funcionamiento, disolución y liquidación de la cooperativa *(E. Malel y H. Medero)*.

ESTATUTOS SOCIALES: documentos que regulan el régimen legal de las asociaciones y a sus prescripciones a las que quedan obligados todos sus socios.

EXCEDENTE: sobrante de percepción o de retención. Éste se destina al desarrollo de las actividades de la entidad cooperativa.

EXCEDENTE REPARTIBLE: exceso en la estimación preventiva, realizada por la cooperativa, del costo de sus servicios prestados al asociado al pagar el precio provisorio de los mismos.

EXCEDENTES DE RETENCIÓN: diferencias entre los montos adelantados a los trabajadores asociados durante el ejercicio por la labor desarrollada y los beneficios obtenidos anualmente de acuerdo con los estados contables de la cooperativa.

EXENCIÓN TRIBUTARIA: dispensa de la obligación tributaria establecida por ley. Consiste en relevar o exonerar del gravamen lo que debe estar gravado de acuerdo con el objeto del impuesto; es decir, previamente tuvo que estar gravado para luego deponerse su exención *(O. Taleva Salvat)* ◆ El Estado debe promover el desarrollo de las cooperativas por medio de una legislación tributaria adecuada, teniendo en cuenta que por su naturaleza no lucrativa, ellas no son sujetos de tributos a los beneficios o remanentes y a otros que no concuerdan con dicha naturaleza. Respecto a otros gravámenes impositivos debe otorgárseles exenciones en mérito a la función social que encierra la actividad cooperativa. Además, el Estado debe atraer capitales hacia las cooperativas, concediendo aquellos incentivos tributarios cuando efectúen inversiones o préstamos a las mismas *(Segundo Congreso Continental de Derecho Cooperativo)*.

EXPORTACIÓN: venta de bienes de un país a otro u otros países. Como contrapartida, está el ingreso de divisas ◆ Venta de productos nacionales al extranjero.

EXPOSICIÓN DE LA INFORMACIÓN CONTABLE CONTENIDA EN LOS ESTADOS CONTABLES DE LOS ENTES COOPERATIVOS: ver **Anexo**.

F

FABRE AUGUSTO: creó en Mines una pequeña reunión de camaradas que se reunían periódicamente. Fabre se encontraba con E. de Boyve y en 1885 los dos cooperadores tuvieron la idea de crear una federación de las cooperativas de consumo.

FACTURA: documento comercial o comprobante que permite individualizar correctamente una operación de venta de un bien o la prestación de un servicio, de uso habitual en las actividades del sujeto emisor del mismo y fuente de registración, sea por una compra o por una venta. Su impresión debe ser efectuada por imprenta, no en el momento de su utilización.◆ Documento comercial mediante el cual el vendedor detalla los efectos vendidos y sus condiciones de pago y cuya entrega es fijada como una obligación por el organismo fiscal pertinente, debiendo contener los datos exigidos por el mismo.

FALANGE: ver **Fourier Charles.**

FALANSTERIO: colonias comunitarias cuyas características fundamentales son: a) reconocimiento de la pequeña propiedad; b) medios de producción colectiva; c) sistema económico productivo basado en el trabajo, el capital y en el intelecto ◆ Ver **Fourier Charles**.

FAUQUET GEORGES: (1873-1953) funcionario de la OIT (Organización Internacional del Trabajo) hizo notar que las primeras instituciones cooperativas aparecieron espontáneamente, hijos de la necesidad y del espíritu de asociación de las clases populares. En su libro: "El sector cooperativo", expone interesantes ideas acerca de la cooperación, la naturaleza moral de la misma, la distinción entre empresa y asociación.

FEDERACIÓN: institución de segundo grado que involucra a las cooperativas primarias. ◆ Cooperativa de segundo grado. ◆ Cooperativa de grado superior. ◆ Cooperativa de cooperativas.◆ Ver **Federación de cooperativas.**

FEDERACIÓN DE COOPERATIVAS: asociación de cooperativas primarias que mantienen su autonomía.◆ Trata de combinar la autonomía local con la eficacia centralizado de las economías de escala y la especialización. al federarse, las sociedades primarias al nivel secundario o terciario (uniones) también ceden parte de su autonomía a fin de ganar eficiencia, poder y apoyo.

FINANCIACIÓN: obtención de capitales con el fin de aplicarlos a la actividad de la empresa, tanto para adquirir nuevos bienes de producción como para compensar un saldo negativo de fondos. En general, comprende todas aquellas actividades que permiten a la empresa acceder al capital necesario para el cumplimiento de sus funciones o para generar y estimular su actividad económica ◆ Financiamiento.

FISCALIZACIÓN PRIVADA: control realizado por uno o más síndicos elegidos por la asamblea entre los asociados. La duración del cargo es siempre limitada. Su función es de velar porque el consejo designado por la asamblea para administrar la cooperativa cumpla con las disposiciones de las normas legales vigentes y el estatuto y las resoluciones de las asambleas.

FISCALIZACIÓN PÚBLICA: control que ejerce la autoridad de aplicación.◆ Ver **Control estatal.**

FOMENTO COOPERATIVO: acción mediante la cual se promueve e impulsa el movimiento cooperativo principalmente mediante el procedimiento educativo.

FOMENTO DE LA EDUCACIÓN: regla de oro de la cooperación.

FONDO PARA EDUCACIÓN Y PROCURACIÓN COOPERATIVA: contribución especial sobre el capital de las cooperativas regularmente constituidas. Se aplica una tasa sobre el capital imponible.

FONDOS: excedentes repartibles que se destinaron a los fondos de educación y de acción asistencial y laboral o para estímulo del personal. Las normas legales establecen el destino y metodología de aplicación de los mismos.

FORMA ECONÓMICA VACÍA: expresión utilizada por A. Lampe para referirse a las cooperativas. De acuerdo con su experiencia sostenía que pueden servirse para finalidades económicas "capitalistas" o pueden constituir un instrumento para la "superación del capitalismo" por el establecimiento de un nuevo orden económico de distinta naturaleza.

FORMACIÓN COOPERATIVA: conjunto de esfuerzo, conocimiento y adhesión a la doctrina.

FOURIER CHARLES: (1772 - 1837), hijo de un rico mercader de Besancon, Francia, fue también comerciante en dicha plaza hasta que perdió completamente su fortuna a consecuencia de la Revolución. Luego de diversas vicisitudes busca una organización de la sociedad que se funde en el disfrute y se esfuerza en establecer un orden material en el que "la armonía de las pasiones sea la base del trabajo". Para que el mismo trabajo sea agradable a los hombres, todos deben ser encaminados, en forma que tengan ocasión de escoger la actividad que prefieran, con lo cual se excita la diligencia, se evitan los delitos y se amplía la productividad. Su pensamiento se basaba en una reestructuración social, que consistía en la división de la sociedad en "Comunidades cooperativas" o "Colonias comunitarias" que él denominaba "Falansterio". La Falange era una comunidad cooperativa en la que se desarrollaban las actividades agrícolas, de servicios e industriales. El fundamento o la génesis de este tipo asociativo emanaba de la unión de intereses y en que la problemática social se debía enfrentar mediante la formación de grupos organizados dentro de una vida comunitaria. En las comunidades cooperativas prevalecería la producción y el consumo. La proposición práctica se basaba en que "la colectividad se repartiría en comunidades de 1500 a 2000 personas (Falanges), asignando a cada una un territorio de una legua cuadrada francesa, y vivirían en unos cuarteles (Falansterios) agrupándose en series libres para la producción agrícola y comercial. El capital necesario se obtendría por acciones, la tierra, las herramientas y demás sería de propiedad común y el beneficio se repartiría entregando 4/12 como dividendo del capital, 5/12 como parte correspondiente al trabajo y 3/12 como retribución de talento. Por tanto, no habría igualdad en el consumo. La producción sería ejercida al por mayor para sacar más altos rendimientos. La educación de los niños sería en común. La posición de la mujer completamente igual a la del hombre".

FUNDACIÓN: persona jurídica de carácter privado que se constituye mediante el aporte patrimonial de una o más personas, cuyo objeto fundamental es el bien común, el interés público y que no tiene propósito de lucro. Las características fundamentales de las fundaciones son: a) personas jurídicas independientes en forma absoluta de la persona del fundador; b) no deben subsistir exclusivamente de asignaciones del Estado y su funcionamiento requiere la autorización de la autoridad competente. No requieren pluralidad de personas; c) el fundador no puede ser uno de los favorecidos directos de la fundación porque se destruiría su espíritu y razón de ser; d) tienen carácter de perpetuidad; e) el capital inicial debe posibilitar razonablemente el cumplimiento de los objetivos propuestos; f) es imprescindible un acto constitutivo escrito; g) la denominación social debe contener el tipo societario adoptado por el ente, es decir, la palabra *fundación*. ◆ Principio y origen de una cosa. ◆ Documento en el que constan las cláusulas de una institución de mayorazgo, etcétera.

FUSIÓN: unión de dos o más cooperativas. Cada una se disuelve sin liquidarse y le será retirada la autorización para funcionar y cancelada su respectiva inscripción. La nueva cooperativa se constituye de acuerdo con las disposiciones de las normas correspondientes y se hace cargo del patrimonio de disueltas ◆ Consiste en que dos o más entidades se unan entre sí para dar nacimiento a una nueva cooperativa, desapareciendo las fusionadas ◆ Realizada mediante unión tiene lugar cuando dos o más sociedades se extinguen, pero de su capital patrimonial, y con los respectivos socios, surge una tercera entidad nueva, que es, también ella, sucesora a título universal de ambas sociedades extinguidas.

Las deliberaciones separadas de fusión adoptadas por cada una de las sociedades, constituyen actos preparatorios de la futura fusión. Para obtener ésta, es necesario un autónomo acto ulterior, que es análogo al acto constitutivo de sociedad y que se denomina acto de fusión *(F. Messineo)* ◆ Ver **Incorporación.**

FUSIÓN ESPECIAL: posibilidad de fusionar una sociedad cooperativa con cualquier tipo de asociación civil o mercantil *(Legislación española).*

G

GANADERÍA: cría y tráfico de ganados ◆ Conjunto de ganados de un país, región o hacienda.

GESTIÓN CORPORATIVA: actividad desarrollada por la institución cooperativa para la organización y prestación de servicio en cumplimiento de su objeto social.

GIDE CHARLES: el maestro de la cooperación. Economista francés (1847-1932) y profesor de Economía Política, en la Facultad de Derecho de París. Escribió "Principios de Economía Política", obra traducida a 19 idiomas. Encabezó la oposición a la teoría económica liberal, a través de "solidaridad", rechazó el principio de la competencia, defendió la acción cooperativa, y consideró una considerable intervención estatal en los negocios. Este profesor, la máxima figura de la economía francesa y un gran impulsor del cooperativismo, crea la escuela de Nimes cuya finalidad era arribar a una socialización de la economía. El sistema cooperativo no ha salido del cerebro de un sabio, ni de un reformador, sino de las entrañas mismas del pueblo. Su programa fue expuesto por primera vez en 1889. Este economista francés, verdadero maestro del cooperativismo, caracterizó a esta asociación de acuerdo con los siguientes principios: 1) soberanía del consumidor; 2) conquista total de la economía; 3) evolución sí, revolución no; 4) empleo únicamente de medios económicos; 5) rechazo a la lucha de clases y a la discriminación; 6) supresión del beneficio o ganancia mediante la aplicación del precio justo. ◆ Ver **Escuela de Nimes.**

GLOBO TERRÁQUEO SOSTENIDO POR FIGURAS HUMANAS: símbolo que representa la adhesión y contribución del cooperativismo a la paz y al bienestar general.

GREMIALISMO: manifestación del maquinismo y de la concentración que, en la mayoría de los casos, constituye más un medio de acción de las facciones políticas que un auténtico asociacionismo obrero. ◆ Tendencia o corriente dispuesta a conformar el dominio de los gremios.◆ Ver **Gremio.**

GREMIO: conjunto o corporación de personas de un mismo oficio o profesión. ◆ Corporación formada por los maestros, oficiales y aprendices de una misma profesión u oficio, regida por ordenanzas o estatutos especiales. ◆ Proviene de una corporación formada por maestros, oficiales y aprendices.

GRUPO COOPERATIVO: conjunto formado por varias cooperativas, cualquiera que sea su clase, y la entidad cabeza de grupo que ejercite facultades o emite instrucciones de obligado cumplimiento para las cooperativas agrupadas, de forma que se produce una unidad de decisión en el ámbito de dichas facultades.

GRUPO DE FIGURAS HUMANAS TOMADAS DE LAS MANOS: ver **Manos estrechadas.**

GRUPO SOCIAL: pluralidad de personas en situación estable, uniforme y formal de interacción activa o potencial, que se cristaliza en un sistema de valores interiorizados y, por ende, compartidos, y se traduce en actitudes y comportamientos comunes *(M. Duverger)* ◆ Conjunto cultural diferenciado, típico. Conjunto de personas que persiguen intereses u objetivos comunes que pueden ser de distinta naturaleza (familiares, educacionales, sociales, etc.). Es la ciudad más pequeña dentro de la cual se produce la acción del hombre de tratar con los demás; cada una actúa a su manera. Existe en cuanto la gente comparte valores que le son comunes y cuando sus papeles sociales se entrelazan estrechamente.

H

HIMNOS: no existe uno de carácter universal, pero se puede exponer el siguiente:

Se agiganta el cooperativismo
con su real y fructífera acción
que trasciende cual fuente creadora
de servicio, trabajo y unión.

En ambiente vital, solidario
que involucra el sentido del bien
donde arde la llama del triunfo
del más noble y sublime quehacer.

Las campanas sonoras del viento
su mensaje doquier llevan ya
la función del cooperativismo
se engrandece a nivel nacional.

Ya se palpa por toda la Patria
esta empresa eficiente y capaz
donde el buen asociado es ejemplo
de virtud y justicia social.

Se agigantan las cooperativas
con su real y fructífera acción
que trasciende cual fuente creadora
de servicio, trabajo y unión.

Música: José Joaquín Prado
Letra: Humberto Gamboa A.

HISTORIA DEL COOPERATIVIS-MO: las transformaciones y la evolución del cooperativismo han sido notables. Si bien nos podemos remontar al antiguo Egipto, allá entre los 2000 y 1500 a.de C., la posibilidad de asociación de artesanos y maestros es más cierta en el siglo V a. de C. Aparecen en la actividad agrícola agrupaciones de tipo cooperativa. En Grecia y en China aparecen con características similares ciertas sociedades artesanales en el área de los servicios funerarios. En la etapa medieval aparecen referencias a los colegios romanos y a las guildas germánicas y anglosajonas. Franz Staudinger y otros como Heinrick Sienekin sostienen que la actividad cooperativa estuvo íntimamente vinculada con las empresas navieras y mineras de la Edad Media. Pero en realidad los orígenes determinantes de la evolución histórica del cooperativismo hay que ubicarlos en los célebres pioneros de Rochdale.

Las convulsiones políticas, sociales y económicas provocadas por la aparición de la máquina de vapor, presentada por Watt en 1769 y aplicada posteriormente en una fábrica de algodón resultaron determinantes en la búsqueda de un cambio. Esta innovación mecánica produjo la sustitución de la mano de obra por la máquina. La desocupación y el empobrecimiento de los asalariados fueron las consecuencias más representativas de la aparición de la máquina de vapor. A su vez aparece una figura determinante hasta nuestro días como lo es el capitalismo.

HOMBRE COOPERATIVO: según *G. Lasserre* quien ejerce las actitudes de dignidad, justicia, responsabilidad, etc. se convierte en un código cooperativo. La moral cooperativa es a la vez la autoayuda, la dignidad, y el orgullo de liberarse por su propio esfuerzo, así como la solidaridad, vale decir, uno para todos y todos para uno.

HONRADEZ: la integridad en el obrar y la rectitud es la característica determinante en una unidad cooperativa. La actuación de la administración y de todos aquellos que ejercen cargos debe ser transparente. Debe ser la característica de la unidad cooperativa como empresa económica.

HORTICULTURA: cultivo de los huertos y huertas.

IDECOOP: en República Domini-cana, Instituto de Desarrollo y Crédito Cooperativo ◆ Organismo especializado y descentralizado administrativamente, que constitu-ye una corporación autónoma del Estado con personalidad jurídica, patrimonio propio e independencia y duración ilimitada, de carácter público y plena capacidad para contratar y adquirir derecho y contraer obligaciones y que posee funciones específicas.

IGUALDAD: principio que reconoce a todos capacidad para tener los-mismos derechos.

IGUALDAD DE GÉNERO: igual posibilidad de ingreso y recono-cimiento de idénticos derechos y obligaciones a todos los asociados sin distinción de género.

ILIMITADA/O: las cooperativas no tienen límite máximo para la duración de la institución, ni con respecto al capital, ni al número de asociados.

IMPORTACIÓN: operación de com-pra de bienes que efectúa alguien ubicado en un país a otro situado en el extranjero. Esta operación comprende trámites tanto de trans-porte como de introducción al país de destino.

IMPUESTO: carga exigible por el Estado por medio de un ente de aplicación de leyes tributarias que, usualmente, establece graváme-nes sobre los bienes patrimoniales, los ingresos, los consumos o las actividades que posee, percibe o realiza, respectivamente, una persona, sea física o jurídica, con el fin de atender al bien común y al presupuesto estatal. En el impuesto no hay contraprestación directa por parte del Estado sino servicios generales, tales como educación, seguridad y salud pública que el Estado presta. Los impuestos pueden ser reales, que es cuando gravan una demostración de capacidad contributiva, o sea gravan el bien, o personales, que es cuando tienen en cuenta la calidad del sujeto y consideran demostraciones globales de capacidad contributiva. ◆ Es el tributo cuya obligación tiene como hecho generador una situación independiente de toda actividad relativa al contribuyente *(Modelo de Código Tributario para América Latina)*.

INACCOP: en Uruguay "Instituto Nacional de Cooperativas".

INACTIVOS: socios que por estar ausentes, enfermos u otra causa que no sean motivo de baja definitiva no colaboran en la sociedad durante determinado tiempo *(B. Cerdá Richart)* ◆ Pasivos.

INAES: en la Argentina, Instituto Nacional de Asociativismo y Economía Social, autoridad de aplicación creada en el ámbito de la Secretaría de Desarrollo Social, con la finalidad de promover el surgimiento de nuevas cooperativas y mutuales, la cooperación entre cooperativas y estructuras mutualistas y la eficiencia de ambos sectores para impulsar la reconversión empresarial y el desarrollo de las economías regionales.

INCORPORACIÓN: tiene lugar de manera que una sociedad (incorporante) absorbe enteramente a la otra, denominada incorporada (o a las otras), asumiendo todas sus obligaciones y adquiriendo todas sus deudas, o sea, el patrimonio. Es uno de los procedimientos de fusión o unión en sentido estricto *(F. Messineo)* ◆ Modalidad de la integración, es decir, variante de la fusión, en virtud de la cual una o más cooperativas se unen a otra ya existente a la que transfieren su patrimonio y asociados, disolviéndose sin liquidación. ◆ Ver **Fusión.**

INFOCOOP: en Costa Rica, Instituto Nacional de Fomento Cooperativo. Ente público estatal creado en 1973, destinado a fomentar el cooperativismo.

INFORME BREVE: informe sobre los estados contables. Es el que emite un contador público, basado en el trabajo de auditoría realizado, mediante el cual el profesional expresa su opinión o declara que se abstiene de emitirla sobre la información que contienen dichos estados.

INFORME DE AUDITORÍA: el informe debe cumplir con los requisitos o características de la información. En especial, se deben evitar los vocablos o expresiones ambiguas o que pudieran inducir a error a los interesados en el informe. Los informes deben ser escritos. Si las circunstancias lo aconsejaran pueden ser orales, recomendándose en este caso su ratificación posterior por escrito. Deben contener la identificación del objeto del examen; la indicación de la tarea realizada; la opinión que ha podido formarse el auditor mediante la tarea realizada, claramente separada de cualquier otro tipo de información y los elementos adicionales necesarios para su mejor comprensión. ◆ Los informes, básicamente, se pueden clasificar en: a) Informe breve. b) Informe extenso. c) Informe de revisión limitada de los estados contables de períodos intermedios. d) Informe sobre las actividades de control de los sistemas examinados. e) Certificación. f) Informe especial.

INGRESO: la calidad de socio se adquiere mediante la participación en el acto constitutivo o por resolución de la asamblea o del consejo de administración a pedido del interesado.

INSCRIPCIÓN: acto administrativo mediante el cual la autoridad competente registra a la cooperativa en el padrón correspondiente.

INSTITUCIÓN: una idea de obra que se realiza y que dura en un medio social ◆ Complejo distintivo de acciones sociales, tales como la familia, la religión, el saludo o la ley ◆ Proporciona maneras de actuar por medio de las cuales es modelada y obligada a marchar la conducta humana en canales que la sociedad considera los más

convenientes *(P. Berger).*◆ Cada una de las organizaciones fundamentales de un Estado, nación o sociedad; y en ese sentido se habla de institución republicana, feudal, monárquica, etcétera.

INSTITUTO DE DESARROLLO Y CRÉDITO COOPERATIVO: ver **IDECOOP.**

INSTITUTO NACIONAL DE ASOCIATIVISMO Y ECONOMÍA SOCIAL: ver **INAES.**

INSTITUTO NACIONAL DE COOPERATIVAS: en Uruguay organismo estatal que se ocupa de la regulación de las cooperativas en cuanto a su constitución, organización, financiamiento y disolución. ◆ INACCOP.

INSTITUTO NACIONAL DE FOMENTO COOPERATIVO: institución costarricense que tiene personalidad jurídica propia y autonomía administrativa y funcional. Tiene como finalidad: fomentar, promover, financiar, divulgar y apoyar el cooperativismo en todos los niveles, propiciando las condiciones requeridas y los elementos indispensables, a una mayor y efectiva participación de la población del país, en el desenvolvimiento de la actividad económico–social que simultáneamente contribuye a crear mejores condiciones de vida para los habitantes de escasos recursos, realizar una verdadera promoción del hombre costarricense y fortalecer la cultura democrática nacional *(Legislación de Costa Rica).*

INSTITUTO PANAMEÑO AUTÓNOMO COOPERATIVO: en Panamá, es la institución responsable de formular, dirigir, planificar y ejecutar la política cooperativa del Estado. Se creó en 1980.

INTEGRACIÓN COOPERATIVA: búsqueda de unificación de las cooperativas en forma horizontal o vertical, de forma tal que la unión de los hombres para resolver mediante la solidaridad de sus necesidades ensanche sus proyecciones económicas y sociales ◆ Colaboración entre las cooperativas con el objeto de alcanzar y trabajar con acuerdos básicos para actividades comunes ◆ Ver **Principios cooperativos.**

INTEGRACIÓN COOPERATIVA HORIZONTAL: la forma más simple y elemental es la asociación de las cooperativas entre sí para el mejor cumplimiento de sus fines. Se trata de una integración entre cooperativas de distinto objeto social que ha de redundar en beneficio mutuo ◆ Las entidades incorporante e incorporada someterán a la aprobación de las respectivas asambleas el compromiso de fusión y la última designará representantes a la asamblea que la entidad incorporante celebrará para el tratamiento del acuerdo definitivo.

INTEGRACIÓN DE CUOTAS SOCIALES: las cuotas sociales deben integrarse al ser suscriptas, como mínimo, en un cinco por ciento, y complementarse la integración dentro del plazo de cinco años desde la suscripción.

INTEGRACIÓN FEDERATIVA: en general, cooperativas de grado superior, por oposición a las de primer grado que son las conformadas principalmente por personas físicas. Expresan su integración federativa por cuanto cada una de sus integrantes conserva su plena autonomía e independencia institucional y solamente se integra con los otros (se federa) para el logro de determinados objetivos concretos expresados en el estatuto de la organización superior. Los objetivos de estas organizaciones pueden ser económicos, culturales o sociales, los cuales pueden ser abordados por entidades diferenciadas o en forma conjunta por una misma institución *(D. Cracogna).*

INTEGRACIÓN POR AFILIACIÓN O VERTICAL: se realiza cuando la cooperativa de primer grado se afilia a otra de parte superior.

INTEGRACIÓN POR FUSIÓN U HORIZONTAL: ésta se realiza entre cooperativas de primer grado o cooperativas de base. Unión de dos o más cooperativas formando otra más grande, con mayor capital y número de socios.

INTEGRACIÓN VERTICAL: ver **Afiliación.**

INVENTARIO: clasificación y ordenamiento de los bienes de una persona o comunidad. ◆ Detalle escrito de todos los bienes y demás valores que posee una persona; también se incluyen sus deudas a una fecha determinada. ◆ Papel o documento mediante el cual se enumeran derechos o bienes. ◆ Asiento detallado y estimativo de los bienes o activo de una empresa y de sus deudas o pasivos. ◆ Procedimiento mediante el cual se confecciona en forma minuciosa una nómina de los elementos que componen los distintos rubros del Activo y Pasivo. Relación detallada de todos los bienes, valores y deudas de una empresa, practicada luego de realizar los recuentos, arqueos y controles correspondientes. Este procedimiento comprende: 1) El recuento físico de los productos en elaboración, terminados, materias primas, mercaderías, materiales, hacienda animal y el que comprende en forma detallada denominación y unidades. 2) Verificación física de los distintos elementos, en cantidad y calidad, que conforman el rubro bienes de uso, como maquinarias, herramientas, rodados, instalaciones, muebles y útiles, repuestos, accesorios, etcétera. 3) Arqueo de caja, de valores a depositar, de valores mobiliarios y títulos de deuda pública. 4) Conciliación de las cuentas corrientes bancarias, verificando la correspondencia entre el saldo bancario y el propio. 5) Verificación de los créditos y de los títulos representativos. 6) Verificación del pasivo de la empresa.

IPACOOP: en Panamá, Instituto Panameño Autónomo Cooperativo.

IRU: ver **Unión Internacional Raiffeisen.**

J

JERARQUÍA: órdenes o grados de personas dentro de una organización o una estructura.

JUSTICIA: componente del espíritu cooperativo. Una de las cuatro virtudes cardinales, que se inclina a dar a cada uno lo que le corresponde o pertenece. ◆ Lo que debe realizarse de acuerdo con el derecho o la razón.

JUSTICIA SOCIAL: aquella referida, fundamentalmente a las relaciones económicas dentro de la sociedad. La sociedad se debe organizar con criterios equitativos, con una adecuada distribución de los bienes y servicios que se producen con el esfuerzo de todos los componentes sociales.

K

KING WILLIAM: (1786-1865), nació en Inglaterra, se graduó de médico y realizó un desarrollo profesional basado en una actitud solidaria y desinteresada económicamente. Su mensuario, The Cooperator (El Cooperador) tuvo una notable y profusa difusión. Su aparición pública se produjo el 1 de mayo de 1825 y se editó durante dos años. Un año anterior ya había constituido su primera cooperativa de consumo en Brighton: "The Cooperative Trading Asociation". Si bien en un principio las cooperativas de consumo tuvieron un gran auge e importancia, luego fueron un fracaso. Él se basaba en que el trabajador no sólo era un buen productor, sino también un fuerte consumidor. Además, para él, resultaba fundamental la necesidad de aplicar el esfuerzo propio de los asociados para la solución de sus problemas y la conveniencia de fomentar e implementar la educación ética y económica.

KOOP: sigla empleada por algunos de movimientos cooperativos.

L

LAMBERT PAUL: sin duda uno de los autores más importantes en el campo del cooperativismo, publicó en 1969 su obra más famosa "La doctrina cooperativa". Para él la democracia "es el principio que distingue la auténtica cooperativa de la empresa capitalista".

LASSALLE FERNANDO: (1825-1864) filósofo y escritor alemán, aristócrata por inclinación, hegeliano, poco convencional, consagró su carrera al socialismo militante, Fundó el Partido Social Demócrata, es decir, la Asociación General de Trabajadores Alemanes, pidió el sufragio universal y atacó al capitalismo y a la propiedad privada, Acuña la frase "ley de hierro (o bronce) de los salarios". Socialista, arrestado por su participación en la revolución de 1848. En 1863 constituyó, en Leipzig, la Asociación General de Trabajadores Alemanes, que en realidad fue un anticipo del partido social demócrata. En realidad, su ideología socialista no impidió su inquebrantable actitud nacionalista. Sus obras fundamentales fueron:"El sistema de los derechos adquiridos" y "Capital y trabajo". Sostenía que siempre una clase se han enriquecido a costa de los demás. El único recurso para mejorar dicha situación consistía en crear asociaciones de producción. Pero ante la falta de capital y de crédito, el Estado debía intervenir para adelantar y ayudar. El peligro del fracaso de las empresas es pequeño cuando todas operan colectivamente. Ignoraba la competencia extranjera, por ello su doctrina sobre las asociaciones de producción no fue aceptada ni por sus discípulos y la ley de bronce del salario fue declarada insostenible.

LATIFUNDIO: gran extensión de tierra de propiedad individual o de empresas comerciales. Sin embargo, contra lo que suele creerse, el latifundio no indica necesariamente formas atrasadas de producción. Nos encontramos ante las más diversas combinaciones: países atrasados donde predomina la pequeña propiedad y el pequeño productor no capitalista, países capitalistas donde predomina el pequeño productor, países atrasados donde predomina el latifundio, países capitalistas donde predomina el latifundio y variadas combinaciones de tenencia de la tierra y de relaciones de producción. El funcionamiento económico del capitalismo, si no interfieren en él medidas políticas como el reparto de tierras públicas u otros, tiende a producir un aumento de la concentración de la propiedad de la tierra.

LAVERGNE BERNARD: (1884-1975), figura muy importante en la Escuela de Nimes. Discípulo de C. Gides pero con una personalidad y conceptos no siempre iguales. Reconoce el principio de soberanía del consumidor y llega a expedirse por la exclusión de las cooperativas obreras de producción y las agrícolas, por no ser auténticas cooperativas. Este autor realizó una interpretación muy personal de los principios de Rochdale y los redujo a cuatro principios o reglas: 1) la propiedad y la gestión de las empresas deben pertenecer a los delegados directos o indirectos de los consumidores; 2) el retorno a proporción de las compras realizadas; 3) cada asociado sólo tiene un voto; y 4) principio de la puerta abierta.

Introduce la cooperación en el derecho público al proponer la creación de cooperativas por parte de los poderes públicos, de forma que ellos mismos sean socios de la cooperativa a la que Lavergne llamó *régie coopérative.*

LEALTAD: adhesión y cumplimiento de lo exigido por las normas de la fidelidad, de honor y de la hombría de bien.

LEASING: acuerdo innominado, consensual, conmutativo, de tracto sucesivo, que recae sobre bienes de capital y que tiene por misión esencial transmitir el uso y goce del bien, y no su propiedad, sin perjuicio de que, por regla general otorga una opción al tomador para adquirir el bien por un valor residual predeterminado. También se considera que la denominación *leasing*, especialmente en el mercado financiero, y particularmente en el de la venta de automotores, se aplica para designar distintas operaciones, que van desde el "alquiler puro y simple" hasta las modalidades más avanzadas en las que el leasing se presenta como un alquiler con opción de compra, o con la facultad de realquilar el vehículo bajo nuevas condiciones, o con otras variantes más sofisticadas *(A. M. Molas).* ◆ Cuando al contrato de locación de cosas se agregue una opción de compra a ejercer por el tomador y se satisfagan los siguientes requisitos: a) que el dador sea una entidad financiera o una sociedad que tenga por objeto la realización de este tipo de contratos; b) que tenga por objeto cosas muebles individualizadas especialmente por el dador a un tercero o inmuebles de propiedad del dador con la finalidad de locarlas al tomador; c) que el canon se fije teniendo en cuenta la amortización del valor de la cosa, conforme a criterios de contabilidad general aceptados, en el plazo de duración del contrato. No rigen en esta materia las disposiciones relativas a plazos máximos y mínimos de la locación de cosas; y, d) que el tomador tenga la facultad de comprar la cosa mediante el pago de un precio fijado en el contrato que responda al valor residual de aquélla. Esta facultad podrá ser ejercida a partir de que el tomador haya pagado la mitad de los períodos de alquiler estipulados, o antes, si así lo convinieren las partes.

LETRA DE CAMBIO: título de crédito formal y completo que contiene la promesa incondicional y abstracta de pagar a su vencimiento, al tomador o a su orden, una suma de dinero en un lugar determinado, vinculando solidariamente a todos los que intervienen en su circulación *(H. Cámara).* ◆ Un título que, remitido por el librador al beneficiario, confiere a éste o aquél a la orden de quien se ha librado, el derecho a que se le pague en una fecha determinada, generalmente fijada por el uso, una cierta suma de dinero por parte del girado *(G. Ripert)*

LEY: proviene de *lege* o *legere*, que quiere decir leer, escoger, atribuir ◆ En su acepción más amplia, las leyes son las relaciones necesarias que derivan de la naturaleza de las cosas ◆ Precepto racional orientado hacia el bien común y promulgado por quien tiene a su cargo el cuidado de la comunidad *(S. Tomás de Aquino).*◆ Precepto dictado por la suprema autoridad, en que se manda o prohíbe algo en consonancia con la justicia y para el bien de los gobernados ◆ Regla y norma constante e invariable de las cosas, nacida de la causa primera o de las cualidades y condiciones de aquellas ◆ Estatuto o condición establecida para un acto particular ◆ En el régimen constitucional, disposición votada por el poder legislativo y sancionada por el Jefe de Estado ◆ Es la regla social obligatoria establecida de modo permanente por la autoridad pública y sancionada por la fuerza *(M. Planiol).*◆ *Orgaz* la define como la norma escrita, de precepto general, que emana de los órganos políticos del Estado y que se presume fundada en una necesidad común relativa a la convivencia; para *Planiol,* se trata de una regla social obligatoria, establecida con carácter permanente por la autoridad pública y sancionada por la fuerza. *Aristóteles*, por su parte, la consideraba como el común consentimiento de la ciudad.

LIBERTAD: componente del espíritu cooperativo.

LIBRE ADHESIÓN: principio de la puerta abierta. Todo hombre puede entrar a formar parte de una cooperativa con el solo compromiso de cumplir con los estatutos. Muchas veces se confunde con la voluntariedad.

LIBRO DE BANCOS: libro en el que se registran todos los movimientos bancarios del ente y en el cual cada banco tiene una cuenta específica. En ella se anotan todos los débitos y créditos correspondientes.

LIBRO DE CAJA: subdiario. ◆ Libro de entrada original para los ingresos y/o desembolsos de dinero en efectivo. Si el comerciante lleva libro de caja no es necesario que asiente en el libro Diario los pagos que hace o recibe en dinero efectivo. En tal caso, el libro de caja se considera parte integrante del Diario. Se contabilizan en él todos los movimientos de dinero. Habitualmente el número de operaciones de pagos y cobros suele ser muy grande; de ahí que, generalmente se habilitan dos registros: caja–ingresos y caja–egresos.

LIBRO DIARIO: libro de contabilidad, obligatorio, donde se registran las operaciones por orden cronológico y aplicando las cuentas contables que correspondan a las mencionadas transacciones. Se asentarán día por día, y según el orden en que se vayan efectuando, todas las operaciones que haga el comerciante, letras u otros cualesquiera papeles de crédito que diere, recibiere, afianzare o endosare; y en general, todo cuanto recibiere o entregare por su cuenta o por cuenta ajena, por cualquier título que fuera, de modo que cada partida manifieste quién resulte acreedor y quién deudor en la negociación a que se refiere. Este libro debe ser rubricado, es decir, registrado en el Registro Público de Comercio. Las partidas de gastos domésticos basta asentarlas en forma global en la fecha en que salieron de caja. Los registros en este libro comprenden los siguientes elementos: a) fecha de la operación; b) número del asiento; c) cuenta o cuentas vinculadas a los débitos de la operación, con sus correspondientes importes en la columna del debe; d) cuenta o cuentas vinculadas a los créditos de la operación, con sus correspondientes importes en la columna del haber; e) descripción resumida de la operación, con anotación de los comprobantes y números de los mismos implicados en la transacción; y, f) finalmente, debe coincidir el total de los débitos con el total de los créditos ◆ Libro diario general.

LIBRO DIARIO GENERAL: ver **Libro diario.**

LIBRO ESPECIAL DE CONTRATO DE TRABAJO: conforme a los requerimientos del derecho laboral, los empleadores deberán llevar un libro especial, registrado y rubricado por el Ministerio de Trabajo y de la Seguridad Social, en las mismas condiciones que se exigen para los libros principales de comercio. En él se consignará: a) individualización íntegra y actualizada del empleador; b) nombre del trabajador; c) estado civil; d) fecha de ingreso y egreso; e) remuneraciones asignadas y percibidas; f) individualización de personas que generen derecho a la percepción de asignaciones familiares; g) demás datos que permitan una exacta evaluación de las obligaciones a su cargo; y, h) los que establezca la reglamentación. Se prohíbe: 1. Alterar los registros correspondientes a cada persona empleada. 2. Dejar blancos o espacios. 3. Hacer interlineaciones, raspaduras o enmiendas, las que deberán ser salvadas en el cuadro o espacio respectivo, con firma del trabajador a que se refiere el asiento y control de la autoridad administrativa. 4. Tachar anotaciones, suprimir fojas o alterar su foliatura o registro. Tratándose de registros de hojas móviles, su habilitación se hará por la autoridad administrativa, debiendo estar precedido cada conjunto de hojas por una constancia extendida por dicha autoridad, de la que resulte su número y fecha de habilitación.

LIBRO INVENTARIOS Y BALANCES: de carácter obligatorio, en el que se registra el detalle valorizado de la totalidad de bienes y derechos a favor del empresario, así como de sus obligaciones. El libro de Inventarios se abrirá con la descripción exacta del dinero, bienes, muebles y raíces, créditos y cualquier otra especie de valores que formen el capital del comerciante, al tiempo de iniciar su giro. Después, todo comerciante en los tres primeros meses de cada año, confeccionará y transcribirá en el mismo libro el balance general de su giro, comprendiendo en él todos sus bienes, créditos y acciones, así como todas sus deudas y obligaciones pendientes a la fecha del balance, sin reserva ni omisión alguna. Los inventarios y balances generales se firmarán por todos los interesados que se encuentren presentes en el establecimiento al tiempo de su formación. En los inventarios y balances generales de las sociedades, bastará con que se expresen las pertenencias y obligaciones comunes a la masa social, sin extenderse a las peculiares de cada socio. Todos los balances deberán expresar con veracidad y exactitud, compatible con su finalidad, la situación financiera a su fecha. Salvo el caso de normas legales o reglamentarias que dispongan lo contrario, sus partidas se formarán teniendo como base las cuentas abiertas y de acuerdo con criterios uniformes de valoración. Al cierre de cada ejercicio, todo comerciante está obligado a extender en este libro, un cuadro contable demostrativo de las ganancias o pérdidas del que éstas resulten con verdad y evidencia.

LIBRO MAYOR: libro en el cual se agrupa el conjunto de cuentas utilizadas en la empresa y registradas en el libro *Diario*, con la finalidad de suministrar y facilitar un análisis individual de cada cuenta. Facilita el resumen de los movimientos totales de cada cuenta, clasificándolas por su naturaleza y objeto. La utilización de este libro es optativa. ◆ Constituye el registro que permite agrupar todo el conjunto de cuentas que utiliza la empresa en sus registraciones en el Diario. ◆ Se registran por separado todos los débitos y créditos de cada cuenta para así permitirnos conocer el movimiento y el saldo de cada una.

LIBROS DE CONTABILIDAD: libros en los cuales se registran los acontecimientos, operaciones, situaciones, momentos, etc., que se producen en la empresa, unipersonal o sociedad, durante el desarrollo de sus actividades mercantiles. ◆ Es obligatorio llevar los libros *Diario* y de *Inventarios y Balances*. Sin perjuicio de ello, se deberán llevar, en concordancia con un adecuado sistema de contabilidad, los libros registrados y la documentación contable que sirve de base para la registración contable y las operaciones. En el Libro Diario se registran las operaciones en forma cronológica, pudiendo efectuarse un asiento global por las operaciones comprendidas durante un período no mayor a un mes, para el caso de las sociedades reguladas por la Ley de Sociedades Comerciales. Al cierre de cada ejercicio económico anual se procederá al registro de las existencias de los distintos bienes que conforman el capital. Con relación al balance, deberá ser confeccionado y registrado en forma anual al cierre del ejercicio, exponiendo en forma veraz y exacta la situación patrimonial, financiera y económica de la empresa. Los libros obligatorios estarán encuadernados y foliados, pudiéndose prescindir de estas formalidades en la medida que la autoridad de control autorice la sustitución de los mismos por ordenadores, medios mecánicos, magnéticos u otros, con excepción del Libro Inventarios y Balances. Tanto en los libros obligatorio como en los auxiliares no exigibles por ley, se prohíbe: a) alterar en los asientos el orden progresivo de las fechas y operaciones; b) dejar espacios en blanco o huecos, con el fin de evitar intercalaciones y adiciones; c) hacer interlineaciones, raspaduras y enmiendas; las equivocaciones y omisiones cometidas se habrán de salvar por medio de un nuevo asiento hecho en la fecha en que se advierte la equivocación u omisión;

d) tachar asiento alguno; y, e) mutilar alguna parte del libro, arrancar hojas o alterar la encuadernación y foliación. Los libros que carezcan de estas formalidades, o tengan algunos de los defectos citados en el párrafo anterior, no tienen valor alguno en juicio a favor del comerciante a quien pertenezcan. Es obligatorio, por parte de los comerciantes, conservar los libros hasta diez años después del cese de su actividad y la documentación hasta diez años contados desde su fecha ◆ Libros contables ◆ Libros de comercio.

LÍNEA DE CRÉDITO: convenio acordado con un banco, escrito o no y por plazo no estipulado, para la concesión en forma automática de un crédito que no exceda cierto límite y en el momento que el cliente lo requiera. La permanencia de esta línea suele estar supeditada a que el cliente tenga una cuenta corriente en la institución con un saldo cuya importancia debe estar en relación con el préstamo solicitado, como así también a la obligación de dar toda la información requerida sobre su estado patrimonial, económico, financiero y sobre los acontecimientos más importantes de sus actividades. ◆ Cantidad máxima que puede concederse al solicitante de crédito.

LIQUIDACIÓN: realización de todos los precios y créditos, pago de las obligaciones. A este efecto la cooperativa mantiene su personalidad. La liquidación está a cargo del Consejo de Administración, salvo disposición en contrato.

LIQUIDEZ: propiedad que tienen los bienes como consecuencia de las posibilidades existentes de realización y conversión en dinero. ◆ Capacidad de pago de la economía en un momento determinado. Se compone de la liquidez primaria y de la liquidez secundaria. ◆ En la clasificación de los rubros del activo, el orden de estos está vinculado al mayor grado de liquidez que cada rubro reviste. ◆ Capacidad financiera de un ente para enfrentar sus compromisos con recursos propios. ◆ En el caso de una empresa, tenencia de activos fácilmente realizables.

LIST FRIEDRICH: economista alemán, nacido el 16 de agosto de 1789, en Reutlingen, ciudad del reino de Würtemberg. Desde joven trabajó en el taller artesanal de su padre, pero su escasa vocación por el mismo derivó en su ingreso a la Administración Superior de Tübengen y ello le permitió después de un período de transición ocuparse de desarrollar su actividad en la "Asociación de Industria y Comercio Alemán". En 1820 ingresó en la Cámara de Würtemberg como diputado por la ciudad de Reutlingen, pero acusado por las calumnias contra la administración pública y como un delito contra el Estado, fue condenado a trabajos forzados y a un encierro, pero se evadió. Desterrado ulteriormente bajo el cargo de sedición, adoptó la ciudadanía estadounidense. En su primera etapa su vida estuvo dedicada a la caza y el pastoreo, la segunda al estado agrícola, la tercera en el agrícola manufacturero y la cuarta en el agrícola manufacturero comercial. Para él únicamente el desarrollo industrial trae consigo al intelectual y permite a un país encaminarse hacia la riqueza y a posteriori la industria toma mayor incremento cuando el comercio internacional le abre amplios horizontes.

LONDON COOPERATIVE SOCIETY LTD: en el año 1929 esta cooperativa tenía 35000 miembros, 530 despachos entre los cuales no menos de 43 almacenes. El 60% del volumen de ventas de las grandes cooperativas londinenses de la época se realizaba a crédito.

LOS SIETE COLORES: ver **Bandera del cooperativismo.**

LUCRO: beneficio, utilidad o provecho que se obtiene atendiendo principalmente al aporte de capital en la empresa a expensas de los productores y/o consumidores de los bienes y servicios producidos en ella ◆ Beneficio, utilidad o provecho que se obtiene de una cosa ◆ Ver **Beneficio económico cooperativo.**

LUGAR DE REUNIÓN: sede o domicilio en el cual deben reunirse los asociados. Éste debe corresponder a la jurisdicción del asociado.

LUZZATTI LUIGI: (1841-1927). Notable teórico del cooperativismo y de la legislación social italiana. Introdujo en Italia el cooperativismo de crédito.

M

MANIFIESTO DE ROCHDALE: expresa los objetivos de la entidad. "El objeto de la sociedad es procurar a los socios un beneficio pecuniario y mejorar su condición social y doméstica, reuniendo para ello, en acciones de a libra esterlina, un capital suficiente para llevar a la práctica los planes y combinaciones que siguen: establecer un almacén para la venta de comestibles, vestidos, etc.; construir o comprar casas en las que puedan habitar aquellos socios que deseen ayudarse mutuamente para mejorar su condición doméstica y social; establecer la manufactura de aquellos artículos que la Sociedad considere conveniente producir, para proporcionar trabajo a los socios que estén sin ocupación o sufran repetidas reducciones de salario; para el mayor beneficio y seguridad de los miembros de la Sociedad ésta comprará o arrendará tierras, en cuyo cultivo se emplearán los socios sin trabajo o mal remunerados; tan pronto como sea posible. Esta sociedad procederá a organizar las fuerzas de producción, distribución, educación y gobierno, o, en otros términos, a establecer una colonia autónoma en que los intereses sean solidarios, y ayudar a otras sociedades en el establecimiento de colonias semejantes; a fin de fomentar la sobriedad, en una de las casas de la sociedad se abrirá un Hotel de Templanza tan pronto como sea conveniente".

MANOS ESTRECHADAS: símbolo corporativo que expresa solidaridad, fraternidad y ayuda recíproca ◆ Grupo de figuras humanas tomadas de las manos.

MARÍTIMO: vinculado, perteneciente o relativo al mar.

MEMBRECÍA ABIERTA Y VOLUNTARIA: principio mediante el cual se establece que las cooperativas son organizaciones voluntarias abiertas para todas aquellas personas dispuestas a utilizar sus servicios y dispuestas a aceptar las responsabilidades que conlleva la membresía sin discriminación de género, raza, clase social, posición política o religiosa *(Declaración de Identidad Cooperativa).*

MEMORIA: rendición y exposición anual del Consejo de Administración. Es una descripción del estado de la cooperativa con mención de las diferentes secciones en que opera, actividad registrada y los proyectos en curso de ejecución. Además se exponen: 1) los gastos e ingresos cuando no estuvieran discriminados en estado de resultados u otros cuadros anexos; 2) la relación económico social con la cooperativa de grado superior a que estuviera asociada, con mención del porcentaje de operaciones en su caso y; 3) las sumas invertidas en educación y capacitación cooperativas, con indicación de la labor desarrollada o mención de la cooperativa de grado superior o institución especializada a la cual se remitieron los fondos respectivos para tales fines ◆ Informe anual que deben presentar los administradores y síndicos societarios sobre el estado de la sociedad en las distintas actividades en que haya operado y su juicio sobre la proyección de las operaciones y otros aspectos que se consideren necesarios para ilustrar sobre la situación presente y futura de la so-

ciedad. Del informe debe resultar: 1) las razones de variaciones significativas operadas en las partidas del activo y pasivo; 2) una adecuada explicación sobre los gastos y ganancias extraordinarias y su origen, y de los ajustes por ganancias y gastos de ejercicios anteriores, cuando fueren significativos; 3) las razones por las cuales se propone la constitución de reservas, explicadas clara y circunstanciadamente; 4) las causas, detalladamente expuestas, por las que se propone el pago de dividendos o la distribución de ganancias en otra forma que en efectivo; 5) estimación u orientación sobre perspectivas de las futuras operaciones; 6) las relaciones con las sociedades controlantes, controladas o vinculadas y las variaciones operadas en las respectivas participaciones y en los créditos y deudas; y, 7) los rubros y montos no mostrados en el estado de resultados, por formar parte de los mismos, parcial o totalmente, los costos de bienes del activo. Con la memoria se presentan a la Asamblea de accionistas los estados contables pertinentes.

MERCANTIL: perteneciente o relativo al mercader, a la mercancía o al comercio ◆ Comercial.

MESA DIRECTIVA: ver **Comité ejecutivo.**

MILL JOHN STUART: economista y filósofo inglés (1806-1873), hijo de

James Mill, dotado de gran energía física dedicó la mayor parte de su tiempo a escribir. Escribió su "Sistema de Lógica" en 1843; "Principios de Economía Política" con algunas de sus aplicaciones a la filosofía social, en 1848; "Consideraciones sobre el gobierno representativo", en 1861; "Utilitarismo" en 1863; "Comte y el positivismo" en 1868; es decir, es notable la cantidad y calidad de obras escritas por este verdadero intelectual. Discrepó con Ricardo y subraya que el valor de los bienes no solamente está dado por el trabajo, sino por todos los factores de producción. Realmente era un reformador social, un iniciador en la aplicación del elemento humano a la economía. Políticamente fue un liberal moderado que preserva la libertad individual y acepta ciertas premisas socialistas respecto de la justicia social.

MINGA: en Sudamérica este término es usado para referirse a trabajos comunitarios o trabajos entre amigos que se ayudan entre sí. Estos trabajos no tienen que ser solamente agrícolas. ◆ Palabra que proviene del quechua, y que en ciertas comunidades andinas, llamaban al trabajo colectivo a beneficio general de la tribu. ◆ En la lengua aimara también existe el término *minka*. Se refiere a la persona a quien se le ha encontrado para una labor determinada (para ayudar a la chacra, en las construcciones de viviendas, etc.) a quien se le paga en dinero o producto. Esta palabra existía antes de la llegada de los incas y convocaba a todos los vecinos de la comunidad para trabajar conjuntamente y construir obras comunitarias como caminos, acequias, etc.

MINIFUNDIO: pequeñas explotaciones de tipo familiar que proporcionan trabajo a un escaso número de personas y cuyas características son: mano de obra barata, necesidad de cubrir la subsistencia, métodos rudimentarios de cultivo, asentamientos casi siempre en las áreas más desfavorables para el cultivo.

MINUTA: un extracto que se hace de un documento anotando las partidas principales. ◆ Extracto o borrador que se hace de un contrato y otra cosa anotando las cláusulas o partes esenciales para copiarlo después y extenderlo con todas las formalidades necesarias para su perfección. ◆ Borrador de un oficio, exposición, orden, etc., para copiarlo en limpio. ◆ Borrador original que en una oficina queda de cada orden o comunicación expedida por ella. ◆ Cuenta que por sus honorarios o derechos presentan los abogados o curiales.

MODALIDAD: término utilizado doctrinariamente como sinónimo de clases de cooperativas.

MODELO CONTABLE: el modelo contable es la estructura básica que concentra, conceptualmente, los alcances generales de los criterios y normas de valuación y medición del patrimonio y resultados. Un modelo contable, por ejemplo, consta de tres definiciones básicas: a) el concepto de capital a mantener; b) la unidad de medida a emplear; y c) los criterios de valuación a aplicar. ◆ Ver **Anexo.**

MODELO DE REGISTRACIÓN CONTABLE: ver **Anexo.**

MONTO: importe. ◆ Suma de varias partidas. ◆ Suma de los intereses al capital que lo ha producido para el cómputo de nuevos intereses. ◆ Suma de dinero que percibe el acreedor cuando finaliza la operación realizada. También valor futuro, porque es una suma de dinero que estará disponible sólo dentro de *n* períodos, los que indican la duración de la inversión.

MONTO A INTERÉS COMPUESTO: cuando los intereses producidos por la inversión al final de cada período de capitalización, al cual se refiere la tasa de interés, se adicionan o acumulan al valor inicial de la inversión para generar nuevos intereses.

MONTO A INTERÉS SIMPLE: valor final de una inversión que comprende el capital inicial invertido más los intereses producidos por dicho capital.

MORA: falta de integración de las cuotas sociales suscriptas por el mero vencimiento del plazo. Implica la suspensión de los derechos sociales.

MORAL: ciencia que trata de las acciones humanas en orden a su bondad o malicia. No concierne al orden jurídico, sino al fuero de la propia conciencia.

MORAL COOPERATIVA: es a la vez la autoayuda, la dignidad y el orgullo de liberarse por su propio esfuerzo, así como la solidaridad, vale decir, uno para todos y todos para uno *(G. Lasserre).*

MOVIMIENTO COOPERATIVO: estructura compleja, en la que encontramos, por una parte, un conjunto de entidades privadas de base (cooperativas del primer grado) que a su vez pueden organizarse y crear otras entidades cooperativas de segundo grado (uniones o federación), o de cuarto grado (confederación nacional). A su vez, cualquiera de estas entidades cooperativas pueden asociarse con otra, o con una institución del Estado, o con otra organización privada sin fines de lucro para constituir otras entidades jurídicas que son las organizaciones auxiliares del cooperativismo *(R. Barrantes).*◆ Organización de cambio social por, para y a través de las personas *(S. Ake Book)*. ◆ Se concibe como una organización de cambio social por, para y a través de las personas.

MUTUALES: entidades de socorros mutuos, asistencia recíproca, previsión social o asociaciones mutuales; son asociaciones constituidas libremente sin fines de lucro por personas inspiradas en la solidaridad, con el objeto de brindarse ayuda recíproca frente a riesgos eventuales o de concurrir a su bienestar material y espiritual, mediante una contribución periódica. La palabra mutualidad deriva de la latina *mutuos*, que es equivalente a la calidad o condición de mutuo, es decir, a lo que recíprocamente hacen dos o más personas. Desde el punto de vista económico social, la mutualidad es una asociación con finalidades benéficas y en la que impera la reciprocidad en los miembros que la integran, asocia amigablemente a las personas con el objeto de procurarse los beneficios de la combinación del ahorro y la asociación por medio de un compromiso común y una acción recíproca. La mutualidad es una forma especial y perfeccionada de asociación que se basa en la reciprocidad de servicios para casos determinados, repartiendo así los riesgos sobre el mayor número posible de asociados para hacer casi insensibles sus efectos. ◆ Mutualidades.

MUTUALIDADES: ver **Mutuales.**

MUTUALISMO: conjunto de asociaciones basadas en la mutualidad. ◆ Teoría desarrollada por Proudhon, contraria a las formas estatales del socialismo y al liberalismo capitalista. Se basaba en la necesidad de colocar la administración de la producción y el consumo en manos de los propios interesados, conformando un nuevo sistema económico en el cual se armonizan los servicios prestados y los recibidos, pasando a un plano secundario el Estado y el dinero.

N

NEGOCIO CORPORATIVO: negocio que opera sobre la organización social, y de reflejo, sobre la situación de los socios y sobre el patrimonio social *(F. Messineo).*

NEUTRALIDAD: cualidad que implica no inclinarse a ninguna de las partes.

NO MERCANTIL: la cooperación constituye un sistema económico social y totalmente distinto del capitalista.

NORDISK ANDELSFORBUND: institución creada en 1918 y constituida por asociaciones de cooperativas de consumo de icnco países escandinavos. Ellos fueron: Noruega, Finlandia, Islandia, Suecia y Dinamarca. En este último se instaló la sede de la misma.

NORMAS DE AUDITORÍA: lineamientos básicos y fundamentales que el profesional debe cumplir al efectuar su labor de auditoría. Las normas de auditoría vigentes deben ser aplicadas por todos los profesionales matriculados en el Consejo Profesional de la jurisdicción del ente auditado, en la Argentina. Su aplicación es obligatoria. Estas normas son básicamente similares a las aplicadas en otros países de América (Brasil, EE.UU., Paraguay, etc.) y a las normas internacionales de auditoría. En general, el servicio de auditoría no difiere sustancialmente entre los distintos países americanos. ◆ Son las pautas mínimas de calidad acerca del auditor, de su trabajo y de su informe o dictamen. Especificaciones a las cuales se debe atenerse el contador público en la ejecución de tareas de auditoría, tanto en lo concerniente a éstas como en la preparación del informe.

O

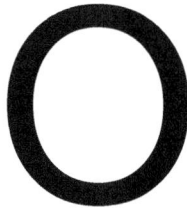

OBJETIVOS DEL COOPERATI-VISMO: los fines son alternativos y en un concepto lato abarcan beneficios sociales y comunitarios. Las actividades se orientan a: 1) concretar el bien público mediante recursos y proyectos que demuestren transparencia e integridad ética en su gestión; 2) lograr que la aplicación del derecho internacional humanitario se concrete en los hecho y no quede en un mensaje literario; 3) estimular los valores éticos y solidarios; 4) disminución y/o erradicación de la pobreza y el analfabetismo; 5) impulsar el desarrollo socio-económico de la población con menores recursos y una distribución más equitativa del ingreso nacional mediante mecanismos apropiados de acuerdo con la realidad de cada sociedad; 6) promover y estimular el incremento de la inversión y productividad social de todas las instituciones (privadas y oficiales) sociales; 7) generar un espacio educativo y cultural que permita el acceso al mismo a todos aquellos que se encuentran impedidos por razones económicas y/o sociales; y, 8) la solidaridad más allá de los aspectos sociales, políticos o económicos en la base o fundamento de toda actividad desarrollada por una Organización no gubernamental.

OBJETO SOCIAL: conocimiento cierto de las actividades que realiza la sociedad, la descripción debe ser precisa, determinada e incluida en su contrato social o constitutivo. El requisito básico es la producción o intercambio de bienes y servicios. Se admite que el objeto social comprenda distintas actividades específicas. ◆ "Es un acto objetivo de comercio" *(O. Vivante)*. Todos los contratos sociales deben establecer las actividades. ◆ Objeto de la explotación.◆ Conjunto de operaciones que una sociedad se propone realizar para que los socios logren el fin que se han propuesto en común *(Farina)*.

OBLIGACIÓN: compromiso asumido por el pago de una deuda o la ejecución de un servicio. ◆ Partida o cuenta del pasivo. ◆ Responsabilidad en la ejecución de una prestación en virtud de un convenio celebrado entre partes, o de acuerdo con la normativa legal. ◆ Documento público o privado en que se reconoce una deuda o se promete su pago u otra prestación o entrega. ◆ Deuda.

OBRAS PÚBLICAS: obras que efectúan los estados (nacionales, provinciales o municipales) con fondos públicos. ◆ Las que son de interés general y se destinan a uso público, ejemplo: caminos y puertos.

OBRAS SOCIALES: organizaciones que se financian por medio de los afiliados y de los empleadores, cuyos objetivos son la prestación de servicios médicos y asistenciales. ◆ Obras de solidaridad, muy frecuentes en las cooperativas en que eran mayoría los trabajadores, no así en las formadas por funcionarios y agricultores. *(C. Gides)*.

OCA: ver **Organización de las cooperativas de América.**

OFICIO: toda comunicación escrita que se realiza con el objeto de tramitar un asunto, notificar requerimiento, transmitir rendiciones, etc.

ONG: Organización No Gubernamental ◆ Entidad privada sin fines de lucro, de tipo asociativo voluntario con objetivos definidos de producir beneficios sociales y comunitarios, es decir, construir una sociedad civil pluralista y sostenible con los recursos que permitan su aplicación ◆ Organización fin fines de lucro de carácter privado con personería jurídica formada por dos o más personas cuyo objetivo es el bien común, el interés comunitario o social.

OPERACIONES ENTRE LAS SOCIEDADES COOPERATIVAS Y SUS ASOCIADOS: transacciones que los asociados hacen con sus cooperativas. En este caso, el organismo estatal fiscal, está facultado para ajustar el precio de venta, en caso de que éste fuese inferior al valor de plaza vigente para tales productos. Ello se efectúa para determinar la utilidad impositiva de los asociados.

ORDEN DEL DÍA: asuntos o temas enumerados y a tratar en la Asamblea General. Se encuentran escritos en su convocatoria. ◆ Nómina de temas a tratar en una reunión o asamblea ◆ Ver **Competencia**

ORGANIZACIÓN DE LAS COOPERATIVAS DE AMÉRICA: OCA ◆ Organismo de integración cooperativa de carácter continental. Su fundación fue en febrero de 1963. Se celebró su asamblea constitutiva en

Montevideo, Uruguay. Su cede está ubicada en San Juan, Puerto Rico.
◆ En 1987 resolvió contribuir al progreso de la legislación cooperativa d elos países latinoamericanos mediante la elaboración de un proyecto de Ley Marco aprobado en Bogotá en noviembre de 1988. El objetivo es dotar a las cooperativas del sector cooperativo de un marco jurídico para su organización, financiamiento y regulación.

ORGANIZACIÓN DEMOCRÁTICA: ver **Principios cooperativos.**

OWEN ROBERT: genuino representante de socialismo inglés, nacido en Newtown (1771-1858), Gran Bretaña; fue un verdadero filántropo. Este industrial inglés pudo conciliar la legislación social y la política de relaciones humanas en la industria. Comenzó su actividad de reformador social en la primera década del siglo XIX. Redujo la duración de la jornada laboral y favoreció la creación de una caja mutua y de una cooperativa de consumo en la fábrica de New Lanark (Escocia) de la que era copropietario. Posteriormente su interna y profunda labor hizo sentir sus efectos al plantear el trabajo excesivo de los niños en las fábricas. En 1815, preparó con Robert Deal el primer proyecto de ley obrera en la que, entre otras cosas, se prohíbe el trabajo a los niños menores de 10 años. El proyecto recién se transformó en ley en 1819. Se ocupó de generar un movimiento cooperativo entre los obreros ingleses, otorgándole un impronta clásica. En 1834, luego de atravesar marchas y contramarchas, avances y retrocesos, fundó la "Grand National Consolidated Trades Union", cuyo objetivo consistirá en defender y resguardar un sistema fundamentalmente socialista de producción y distribución. Asoció estrechamente la reforma moral y la transformación del sistema económico. Su gran preocupación fue alcanzar una revolución moral. Sus principales obras fueron: "Una nueva visión sobre la sociedad" o "Ensayo sobre el principio de la formación del carácter humano" y "El nuevo mundo moral". En realidad es un moralista, pero mediante una moral totalmente laica. Concibe una política actual de mejoramiento en las condiciones de vida del hombre, basado sobre la ciencia moral o Etología. Es decir, el principio básico de esta ciencia es que los seres humanos tienen interés en una unión laboral, cooperar los unos con los otros. Para alcanzar su ansiada reforma estructural de la sociedad de acuerdo con su criterio se debería fundar en la cooperación en su carácter de doctrina socio-económica científica. En síntesis, las mejoras de índole laboral otorgadas por Owen en su industria textil pueden agruparse en: 1) notables mejoras en las condiciones laborales y de seguridad social; 2) incremento de

las retribuciones laborales; 3) construcción de escuelas para los hijos
de sus trabajadores; 4) creación de
guarderías, en general de instituciones infantiles para los niños; 5)
reducción de las jornadas laborales
de 14 a 10hs y 30m; y 6) supresión
definitiva de los castigos aplicados
a la disciplina laboral.

P

PAGARÉ: documento por el cual una persona asume el compromiso puro y simple de pagar a un tercero una suma determinada de dinero en una fecha determinada. Debe contener: a) cláusula "no a la orden"; b) promesa pura y simple de pagar una suma determinada; c) plazo de pago; d) indicación del lugar de pago; e) nombre del beneficiario del pago; f) fecha y lugar en que han sido firmados; y, g) firma del suscriptor, quien creó el título. El título al cual le falten algunos de los requisitos indicados en el párrafo anterior carece de validez, salvo en los casos en que en el pagaré no se haya indicado el plazo para el pago, lo que significará ser considerado a la vista, y cuando, a falta de indicación especial, el lugar de creación del título será considerado lugar de pago y también domicilio del suscriptor. El pagaré puede ser transferido por vía de endoso aún cuando no estuviese concebido a la orden. El endosante, que es el beneficiario original, firma al dorso del documento o en una hoja de papel debidamente adherida a aquél. El endosatario, que es el portador del título, puede estar designado o no en el endoso. En este último caso se denomina endoso en blanco. Además, el endoso no debe estar sujeto a condición alguna ni puede ser parcial. El endosante es garante de la aceptación y del pago del pagaré, salvo cláusula en contrario, pudiendo prohibir un nuevo endoso, lo que lo libera de responsabilidad ante las personas a quienes se endosare el documento. El tenedor del título es considerado como portador legítimo si justifica su derecho por una serie ininterrumpida de endosos.

PARADIGMA SOCIAL: paradigma interpretativo basado en argumentos sociales, que consideran la existencia de un mundo social con una pluralidad de agentes usuarios de la información social generada por las entidades económicas.

PARTES SOCIALES: unidad más pequeña en que se puede dividir el capital social de una cooperativa y su valor debe estar expresado en el estatuto.

PARTICIPACIÓN: en su acepción más adecuada es compartir, tener los mismos objetivos, conceptos, ideas, en la creación de una cooperativa en todos sus aspectos: en el capital, en la gestión administrativa, en la actividad económica, educativa, en la solución de los problemas de la comunidad. Está en los genes o creación de la cooperativa. Está íntimamente vinculada con la democracia. Si no existe esto no puede existir la participación.

PARTICIPACIÓN ECONÓMICA DE LOS MIEMBROS: principio mediante el cual los miembros contribuyen de manera equitativa y controlan de manera democrática el capital de la cooperativa. Por lo menos una parte de ese capital es propiedad común de la cooperativa. Usualmente reciben una compensación limitada, si es que la hay, sobre el capital suscrito como condición de membrecía. Los miembros asignan excedentes para cualquiera de los siguientes propósitos: el desarrollo de la cooperativa mediante la posible creación de reservas, de la cual

al menos una parte debe ser indivisible; los beneficios para los miembros en proporción con sus transacciones con la cooperativa y el apoyo a otras actividades según lo apruebe la membrecía *(Declaración de Identidad Cooperativa)*.

PARTICIPACIÓN EN LOS BENEFICIOS: ventaja económica que corresponde a una persona de los beneficios que se obtengan en una sociedad o en una gestión cualquiera, hecho por cuenta o a favor de otra persona ◆ Sistema de retribución de los trabajadores a los que se adjudica una parte de las utilidades de la empresa ◆ Participación en las utilidades.

PASIVO: junto con el activo y con el patrimonio neto es uno de los grandes grupos de cuentas del Balance o Estado patrimonial. Expone todos los rubros y las cuentas representativas de deudas a favor de terceros ◆ Incluye las obligaciones de entregar dinero o bienes o prestar servicios ◆ Conjunto de deudas y cargos que gravan un patrimonio ◆ Comprende todos los derechos contingentes o ciertos que a la fecha de cierre de balance los terceros han adquirido o pueden llegar a adquirir contra la sociedad ◆ Compuesto por: 1) deudas, y 2) previsiones.

PASIVO A CORTO PLAZO: cualquier partida del pasivo circulante, incluyendo las obligaciones cuyo vencimiento se operan dentro de un reducido término de tiempo. Si bien esta clasificación depende de la actividad de cada empresa, se considera habitual que esta clase de pasivo tenga su vencimiento dentro del año inmediato siguiente de asumida, aun siendo de partidas a largo plazo. ◆ Pasivo corriente. ◆ Pasivo inmediato.

PASIVO A LARGO PLAZO: deudas cuyos vencimientos se concretan con posterioridad al año de asumidas y, eventualmente, previsiones que tienen más de un año de plazo. ◆ Pasivo no corriente.

PASIVO CIRCULANTE: deudas a corto plazo; por lo general, sus vencimiento opera dentro del año. ◆ Se utiliza en algunos países. En esta clasificación se incluyen: a) deudas a proveedores de bienes y servicios relacionados con el negocio habitual; b) préstamos bancarios a corto plazo; y, c) otros préstamos con igual término que el anterior. Esta enumeración no es taxativa sino que es a modo de ejemplificar. ◆ Pasivo corriente.

PASIVO CORRIENTE: grupo de deudas y obligaciones cuyo vencimiento opera dentro del año de asumidas. Se considera como tal a las exigibles al cierre del período contable. Aquéllas cuyo vencimiento o exigibilidad se producirá en los doce meses siguientes a la fecha de cierre del período al que corres-

pondieran los estados contables. Las previsiones constituidas para afrontar obligaciones eventuales que pudiese

PASIVO FIJO: está constituido por las obligaciones a largo plazo. Generalmente mayor a un año y con garantías. ◆ Pasivo consolidado.

PASIVO NO CORRIENTE: abarca las deudas cuyos vencimientos se operan en fechas posteriores al año. Comprende a todo el que no pueda ser clasificado como corriente. ◆ Pasivo que por exceder el término para su vencimiento de los doce meses a partir de la fecha de cierre del balance general (salvo que las circunstancias aconsejen otra base), no puede considerarse corriente. ◆ Pasivo permanente.

PASIVOS: ver **Inactivos.**

PATRIMONIO COOPERATIVO: está conformado por el capital cooperativo más las distintas reservas constituidas.

PATROCINADORES: en las entidades no lucrativas son los patronos, donantes, asociados, miembros y entidades gubernamentales, que proporcionan recursos que no son directa y proporcionalmente compensados de acuerdo con sus aportaciones.

PERSONA DE EXISTENCIA IDEAL: ver **Persona jurídica.**

PERSONA DE EXISTENCIA VISIBLE: todo ente que presente signos característicos de humanidad, sin distinción de cualidades o accidentes ◆ Persona física.

PERSONA FÍSICA: ver **Persona de existencia visible.**

PERSONA IDEAL: persona jurídica.

PERSONA JURÍDICA: todo ente susceptible de adquirir derechos y contraer obligaciones que no sea persona de existencia visible ◆ Persona de existencia ideal. ◆ Persona moral.

PERSONA MORAL: ver **Persona jurídica.**

PERSONA NATURAL: ver **Persona de existencia visible.**

PERSONAS JURÍDICAS PÚBLICAS: para su determinación el jurista italiano Ferrara expuso una serie de criterios: 1) Institución o fundación de un ente por parte del Estado. 2) Encuadramiento de los entes en la organización estatal, bajo la tutela y vigilancia del Estado. 3) Atribución a un ente de poderes de imperio *(F. Garrido Falla).*

PERSONERÍA JURÍDICA: reconocimiento como sujeto de derecho que el Estado otorga a una sociedad, fundación, asociación civil, sobre la base de la aprobación de su estatuto y el sometimiento a su contralor.

PINO: símbolo corporativo que significa perseverancia, inmortalidad y esfuerzo para escalar posiciones. ◆ Este árbol era respetado por su capacidad de supervivencia en las tierras menos fértiles.

PLAN DE ACCIÓN SOCIAL: documento que recoge todas las acciones e iniciativas estrictamente sociales y de ayuda solidaria, tanto internas como externas, que la empresa se dispone a ejecutar *(M. Jelen).*

PLOCKBOY PETER CRONELIUS: nació en Holanda en 1620 se instaló en Inglaterra. El patriarca de la cooperación como se lo denominó era muy religioso y sensible a la solidaridad. Organizó en Manhattan en 1664, una colonia agroindustrial de base cooperativa. En 1659 publicó un trabajo con el título: "Ensayo sobre un proceso que haga felices a los pobres de esta nación y a los de otros pueblos", consistiendo en reunir cierto número de hombres competentes en reducida asociación económica, o pequeña república, en el cual cada uno conserve su propiedad y pueda, sin necesidad de acudir a la fuerza, ser empleado en la categoría de trabajo para la cual tenga más capacidad".

PODER: autorización o facultad que se otorga a los efectos de ejecutar una acción o cosa. Quien otorga el poder se denomina poderdante y quien lo recibe apoderado.

PODERDANTE: ver **Poder.**

POISSON ERNESTO: su análisis parte de que "la cooperación es socialista por naturaleza". En 1920 publicó su principal obra "La República Cooperativa". Entendía la afinidad estrecha entre el sindicalismo y la cooperación, por ello, afirmaba que la doctrina sindicalista era hermana gemela de la cooperación.

PRECIO DE COMPRA: cantidad de numerario que debe desembolsarse por la adquisición de una mercadería.

PRECIO DE UNA MERCANCÍA: importe o precio en dinero que hay que satisfacer para adquirirla.

PRECIO DE VENTA: precio que se establece para la cesión o venta de las mercancías.

PRECIO JUSTO: precio neto que se tiende a lograr al suprimir en una cooperativa a los intermediarios y otros incrementos.

PRENDA: contrato mediante el cual el deudor de una obligación afecta un bien mueble como garantía de pago o como ejecución de tal obligación, por medio de la constitución de un gravamen sobre el bien citado. Puede o no procederse a la entrega del bien mueble al acreedor ◆ Prenda comercial.

PREOCUPACIÓN POR LOS DEMÁS: el interés por el prójimo, por la comunidad, defensor de la junta, del medio ambiente, es decir, en general por todo aquello que posibilite una sociedad mejor y solidaria.

PRESCRIBIR: adquirir un derecho real o extinguirse un derecho o acción de cualquier clase por el transcurso del tiempo en las condiciones previstas en la ley. ◆ Concluir o extinguirse una carga, obligación o deuda por el transcurso del tiempo.

PRESCRIPCIÓN: acción y efecto de prescribir. ◆ Medio de adquirir un derecho o de liberarse de una obligación por el transcurso del tiempo.

PRÉSTAMO: operación mediante la cual una persona entrega a otra una determinada cantidad de dinero con la obligación de reintegrarlo en un plazo fijado previamente.

PRESUPUESTO: cantidad de dinero calculada previamente para hacer frente a los gastos de cualquier empresa o actividad. ◆ Es la interpretación en términos financieros estimativos, y a través de un programa sistemático, de los planes sobre operaciones futuras de organizaciones, tanto públicas como privadas. El ámbito que abarca el presupuesto será según sea el organismo que lo confeccione. En el caso de un organismo público, podrá vincularse a la actividad que desarrolla o podrá referirse exclusivamente a la intención de realizar futuras obras públicas. Mientras que, en una empresa comercial, habrá de estar relacionado a toda la actividad de la empresa. ◆ Documento que provee la cuantificación, con sus bases lógicas, del conjunto integrado de planes de una organización para un período dado, generalmente un año, y establece los resultados anticipados de tal período.

PREVISIÓN: deuda incierta de cálculo cierto o en base a factores estimados. Se incorpora en el pasivo o en el activo como cuenta reguladora. Cada una de aquellas partidas, a la fecha a la que se refieren los estados contables, representa un importe estimado para hacer frente a situaciones que probablemente originen una obligación para el ente. Las estimaciones incluyen el monto probable de la obligación contingente y la posibilidad de su concreción. ◆ Se constituyen para afrontar obligaciones eventuales que pudieran convertirse en obligaciones ciertas y exigibles en el ejercicio venidero. Debe constituirse sobre una base razonable y relacionada con acontecimientos probables.

PRIMERA COOPERATIVA DEL MUNDO: el 24 de octubre de 1844 se creó en Inglaterra la primera cooperativa como respuesta a las condiciones deplorables que soportaba la clase obrera. Se llamó Sociedad Equitativa de los Pioneros de Rochdale.

PRINCIPIO DE PUERTAS ABIERTAS: el ingreso a una cooperativa debe ser voluntario y abierto a todos aquellos que estén en condiciones de realizar sus servicios y se acepten las responsabilidades y pautas normativas establecidas ◆ Libre adhesión de toda persona a formar parte de una cooperativa con la única e inexorable conducción de cumplir con los estatutos.

PRINCIPIOS COOPERATIVOS: en un inicio los pioneros de Rochdale formularon los siete principios del sistema cooperativo de la economía, en 1844. Pero estos fueron modificándose durante el transcurso del tiempo. Los primeros fueron: 1) control democrático por los socios; 2) adhesión libre y voluntaria; 3) pago de interés limitado al capital aportado; 4) distribución de los beneficios económicos entre los socios en proporción al patrocinio; 5) educación; 6) neutralidad política y religiosa; y, 7) ventas al contado. Posteriormente en 1937, el Congreso de la Alianza Cooperativa Internacional realizado en París, Francia, se establecieron otros: 1) libre adhesión de los miembros; 2) control democrático por los socios; 3) distribución de los excedentes en proporción al patrimonio de los socios con la cooperativa; 4) pago de interés limitado al capital de los asociados. Estos principios fueron llamados "esenciales", pero también se expusieron otros como "secundarios": 1) promoción de la educación; 2) mentalidad política y religiosa; y, 3) compras y ventas al contado. En 1966, en otro Congreso de la Alianza Cooperativa Internacional, en Viena, Austria, se produjo otra reformulación: 1) adhesión libre y voluntaria; 2) control democrático; 3) interés limitado al capital; 4) retorno de excedentes a los socios; 5) educación; y, 6) integración entre las cooperativas. Finalmente en 1995, en Manchester, Inglaterra, se elaboraron los principios cooperativos como lineamientos por medio de los cuales las cooperativas ponen en práctica sus valores. 1) Adhesión abierta y voluntaria: las cooperativas son organizaciones voluntarias, abiertas para todas aquellas personas dispuestas a utilizar sus servicios y dispuestas a aceptar las responsabilidades que conlleva la condición de socios, sin discriminación de género, raza, clase social, posición política o religiosa. 2) Control democrático de los socios: las cooperativas son organizaciones democráticas controladas por sus socios, quienes participan activamente en la definición de las políticas y en la toma de decisiones. Los hombres y mujeres elegidos para representar a su cooperativa, responden ante los socios. En las cooperativas de base, los socios tienen igual derecho de voto (un socio, un voto), mientras en las cooperativas de otros niveles también se organizan con procedimientos democráticos. 3) Participación económica de los socios: los socios contribuyen de manera equitativa y controlan de manera democrática el capital de la cooperativa. Usualmente reciben una compensación limitada, si es que hay, sobre el capital suscripto, como condición de socio. Los socios asignan excedentes para cualquiera o todos los siguientes propósitos: el desarrollo de la cooperativa, mediante la posible creación de reservas, de las cuales al menos una parte debe ser indivisible; los beneficios para los socios en proporción con sus transacciones con la cooperativa; y el apoyo de otras actividades, según lo aprueben los socios. 4) Autonomía e independencia: las cooperativas son organizaciones autónomas de ayuda mutua controladas por sus socios. Si entran en acuerdos con otras organizaciones (incluyendo gobiernos) o tienen capital de fuentes externas, lo realizan en términos que aseguren el control democrático por parte de sus socios y mantengan la autonomía de la cooperativa. 5) Educación, entrenamiento e información: las cooperativas brindan educación y entrenamiento a sus socios, a sus dirigentes electos, gerentes y empleados, de tal forma que contribuyan eficazmente al desarrollo de sus cooperativas. Las cooperativas informan al público en general, particularmente a los jóvenes y creadores de opinión acerca de la naturaleza y beneficios del cooperativismo. 6) Cooperación entre cooperativas: las cooperativas sirven a sus socios más eficazmente y fortalecen el movimiento cooperativo, trabajando de manera conjunta por medio de estructuras locales, nacionales, regionales e internacionales. 7) Compromiso con la comunidad: la cooperativa trabaja para el desarrollo sostenible de su comunidad por medio de políticas aceptadas por sus socios. ◆ Lineamientos por medio de los cual las cooperativas ponen en práctica sus valores.

PRINCIPIOS DE ROCHDALE: ver **Veintiocho.**

PRINCIPIOS ESENCIALES: ver **Principios cooperativos.**

PRINCIPIOS SECUNDARIOS: ver **Principios cooperativos.**

PRO FORMA: forma de emitir un estado contable, una cuenta o un documento considerando el alcance, cifras totales o parciales, hechos supuestos, las descripciones y otras características del documento, estado o informe emitido. ◆ Para cumplir una finalidad. ◆ Liquidaciones, facturas, recibos, etc., que se emplean para justificar operaciones posteriores a la fecha de los estados de cuenta en que figuran.

PRODUCCIÓN: actividad aplicada a la creación de bienes y a la prestación de servicios para ser ofrecidos a los consumidores a fin de satisfacer sus necesidades ◆ Acto o modo de producirse ◆ Rentar, redituar interés, utilidad o beneficio anual de una cosa.

PROMOCIÓN COOPERATIVA: parte del fomento cooperativo que se facilita principalmente con la educación cooperativa. No es exclusiva del Estado, pero éste contribuye asesorando en tres aspectos básicos: a) Planificación. b) Educación y c) Asistencia técnica.

PROMULGACIÓN: acción y efecto de promulgar. ◆ Acto mediante el cual la autoridad hace divulgar y publicar formalmente una ley o disposición de la autoridad a fin de que sea cumplida y hecha cumplir como obligatoria. ◆ Acto por el cual el jefe de Estado certifica al cuerpo social la existencia de la ley, ordenando al mismo tiempo su cumplimiento.

PROMULGAR: publicar formalmente una ley u otra disposición de la autoridad, a fin de que sea cumplida y hecha cumplir como obligatoria.

PROPÓSITO DE COOPERATIZAR LA ECONOMÍA: significa llegar a la cooperación integral, a la mayor parte factible del ideal cooperativo, aun cuando pueden existir paralelamente la empresa artesanal, familiar, actividades profesionales y similares.

PROTESTO: aviso formal por escrito de que el emisor de un pagaré se ha rehusado a abonarlo por cualquier causa que fuere. ◆ Acto que tiene por objeto la comprobación fehaciente de la falta de pago, a su vencimiento, de una letra de cambio o pagaré. ◆ En derecho cambiario, el protesto se puede referir a la falta de aceptación o a la falta de pago. ◆ Debe ser presentado al escribano o notario dentro de las veinticuatro horas del día del vencimiento, siendo formalizado en el día inmediato no feriado. Si el obligado a la aceptación o al pago no lo hiciere en el acto del protesto, el escribano retendrá los documentos en su poder hasta una hora determinada del mismo día; y si el deudor de la aceptación o del pago no concurriese a cumplir su obligación, los documentos se entregarán al acreedor con un testimonio del acta de protesto, con lo cual podrán iniciarse las acciones respectivas.

PROTOCOLO: libro en que los escribanos o notarios copian y guardan por su orden los registros de los instrumentos que legalizan.

PROVISIONES: deudas devengadas no exigibles a la fecha de cierre del balance. Deudas ciertas cuyo monto es consecuencia de cálculos realizados por el deudor, que bien puede estar sujeto a modificación. Dentro de esta clase de deudas está la cuenta *Provisión para impuestos a las ganancias*, donde si bien la empresa determina en forma unilateral el monto a abonar, éste puede en el futuro estar sujeto a algún ajuste que pueda determinar el organismo de control. En la Argentina y en otros países, esta terminología ha caído en desuso.

Q

QUIEBRA: estado de insolvencia del deudor en virtud del cual no puede hacer frente a sus obligaciones. La legislación argentina considera como hechos reveladores de este estado de cesación de pagos: a) el reconocimiento judicial o extrajudicial de tal estado por parte del deudor; b) mora en el cumplimiento de una obligación; c) ocultación o ausencia del deudor o de los administradores de la sociedad, en su caso, sin dejar representante con facultades y medios suficientes para cumplir obligaciones; d) clausura de la sede de la administración o del establecimiento donde el deudor desarrolle su actividad; e) venta a precio vil, ocultación o entrega de bienes en pago; f) revocación judicial de actos realizados en fraude a los acreedores; y, g) cualquier medio ruinoso o fraudulento empleado para obtener recursos.

QUITA: reducción parcial de una deuda mediante convenio judicial o privado. Liberación parcial de una deuda hecha por el acreedor en favor del deudor.

QUÓRUM: cantidad mínima de asociados requeridos en la asamblea para tomar decisiones con validez y obligación para todos los asociados presentes o ausentes ◆ Número de individuos necesarios para que un cuerpo deliberante tome ciertas decisiones. ◆ También, proporción de votos favorables para que haya acuerdo. ◆ Indica el número mínimo requerido de integrantes necesarios para que pueda deliberar válidamente y tomar decisiones cualquier organismo colegiado.

R

RAIFFEISEN FRIEDRICH WIL-HELM: (1818-1888), nacido en Alemania, fundó el sistema de bancos agrarios cooperativos. Durante 1846 y 1847, se produjo el desastre económico atribuido a la falta de créditos para los campesinos pequeños, por ello se decidió a constituir la primera cooperativa de préstamo y ahorro con una enorme trascendencia internacional. Logró convencer a varios de los poderosos económicamente a formar parte de las cajas rurales, que a su vez resultaban una garantía para todos. Los pequeños agricultores se vieron muy favorecidos por esta iniciativa y posterior concreción.

RAZÓN SOCIAL: denominación de aquellas sociedades con responsabilidad solidaria de los socios, generalmente formado por el nombre de uno o más de ellos, con el aditamento "y compañía" o bien cualquier otro que indique la naturaleza societaria del ente.

REALIZACIÓN DE UNO O MÁS FINES SOCIALES: la cooperativa, más allá de su fin específico, tiene uno o más objetivos que cumplir destinando una parte a todos sus excedentes.

RECESO: retiro.

RECIBO: comprobante que se emite para dejar constancia de la recepción de una suma de dinero –sea en efectivo o en cheques– bienes o documentos comerciales. Se extiende en dos o más copias. Los recibos emitidos por cobro de dinero, sea en efectivo o en cheque, deben incluir los datos requeridos por los organismos pertinentes ◆ Constancia escrita mediante la cual el firmante declara haber recibido de otra persona dinero u otro valor, sea como pago a cuenta, por el saldo total o por cualquier otro concepto también determinado.

RECLAMACIÓN: acción mediante la cual se solicita algo injusto o una disconformidad.

RED COOPERATIVA: una forma de colaboración laxa, sin organismos comunes.

REDUCCIÓN DE CAPITAL: disminución del capital que determina el Consejo de administración que debe realizarse en proporción al número de las respectivas cuotas sociales.

REEMBOLSO DE CUOTAS SOCIALES: todo asociado que se retire de una cooperativa puede solicitar el reintegro de sus cuotas sociales. Este reintegro puede estar limitado por el estatuto.

REGISTRO CONTABLE: la reexpresión de la información en moneda de cierre y los estados contables en moneda constante deberán registrarse en libros de comercio llevados de acuerdo con la ley. ◆ Forma especial de registro, cuya principal característica está dada por la utilización de cuentas. El sistema de registro contable debe considerar: el método, el plan de cuentas y el medio de procesamiento. El método es la partida doble. El plan

de cuentas varía por la forma y número de los registros *(Fronti de García).* ◆ Contabilización.

REGISTRO DE ASOCIADOS: libro de carácter obligatorio que debe llevar una cooperativa en el cual consta la inscripción de la totalidad de los asociados.

REGLA DE ORO DEL COOPERATIVISMO: principio basado en el fomento de la educación que constituye el rasgo esencial y determinante. La educación tiene precedencia en eficacia y su eficiencia con respecto a los otros principios.

REGLAMENTO: conjunto de reglas adicionales que emanan de la Asamblea general o del Consejo directivo, que tiene por objeto regular aspectos determinados de la actividad cooperativa *(S. Reyes y otros).* ◆ Instrumento que regula el régimen interior de las asociaciones *(B. Cerdá Richart).*

RELACIONES INTERCOOPERATIVAS: acuerdos y vinculaciones que se celebran y cristalizan entre distintas instituciones cooperativas.

REMITO: comprobante que documenta el envío o entrega de bienes. Acompaña a las mercaderías a los efectos de corroborar la efectiva entrega de las mismas. Permite al comprador controlar las mercaderías recibidas que sean las pedidas por él. Debe contener los requisitos exigidos por la autoridad competente.◆ Albarán.◆ Nota de remisión.◆ Nota de envío.◆ Nota de entrega.

RENUNCIA: derecho de socio a dar por terminada en forma voluntaria su calidad de tal respecto de la cooperativa. Constituye un acto jurídico complejo, puesto que para su perfeccionamiento requiere que la manifestación de voluntad del socio sea aceptada por parte de la cooperativa *(S. Reyes La Vega y otros).*

REPARTO DEL EXCEDENTE: el reparto puede realizarse de acuerdo con las diversas formas que se expresan, pero no se admite el principio capitalista de que los beneficios total o parcialmente han de ser para el capital en función de lo que cada uno tiene. ◆ Ver **Excedente** y **Excedente repartible.**

REPRESENTACIÓN LEGAL: el hecho de cumplir un acto jurídico en nombre o por cuenta de otra persona, en mérito de un poder legal o convencional y estableciendo para la persona representada un derecho u obligación.

RESERVA ESPECIAL: aquella generada por los excedentes que deriven de la gestión cooperativa con no asociados autorizados por la ley, y aquellos que provienen de las operaciones ajenas a la gestión cooperativa.

RESERVA FACULTATIVA: aquella cuya constitución carece de obligatoriedad en virtud de la inexistencia de normas legales o estatutarias que la impongan. Son los órganos sociales que considerando la situación deciden su constitución. Por lo general, se crean cuando existen resultados acumulados importantes con el fin de aplicaciones en un futuro o para cubrir ciertos sucesos. Puede ser para un fin determinado y normalmente se constituye para afirmar o mejorar la situación financiera, económica y patrimonial de la empresa. Se considera típicamente como voluntaria.

RESERVA LEGAL: excedentes repartibles que se destinan a su constitución. Las normas legales establecen el destino y la metodología de aplicación de la misma ◆ Reserva de característica obligatoria, cuya creación, mantenimiento por destino está dispuesta por ley. ◆ Excedentes repartibles que se destinan a su constitución. Las reservas legales establecen su aplicación.

RESERVA OBLIGATORIA: aquella que en virtud de las normas legales o estatutos debe constituirse indefectiblemente.

RESERVAS: fondos de naturaleza patrimonial e irrepartible que se van conformando de acuerdo con las resoluciones de la Asamblea general, a partir del proceso de distribución de los resultados positivos de cada ejercicio *(S. Reyes Lavega y otros).* ◆ Excedentes retenidos en el ente cooperativo de acuerdo con normas legales ◆ Parte de las utilidades que, realizadas y retenidas, son aplicadas a un fin, que podrá ser específico, legal, coyuntural, permanente o contable.

RESULTADOS NO ASIGNADOS: excedentes del ejercicio que se encuentran pendiente de tratamiento por parte de la asamblea y/o las pérdidas acumuladas sin asignación específica.

RESULTADOS POR LA GESTIÓN COOPERATIVA CON ASOCIADOS: estos resultados son: 1) el resultado proveniente de la organización y prestación de servicios a los asociados relacionados con la gestión cooperativa; y 2) otros ingresos obtenidos por o como consecuencia de bienes afectados a actividades inherentes a la gestión cooperativa en la medida que sea razonablemente cuantificable y asegurables a los asociados.

RESULTADOS POR LA GESTIÓN COOPERATIVA CON NO ASOCIADOS: estos resultados son: 1) el resultado proveniente de la orga-

nización y prestación de servicios a los no asociados relacionados con la gestión cooperativa; y, 2) todo ingreso obtenido por o como consecuencia de bienes afectados a actividades inherentes a la gestión cooperativa en la medida que sea razonablemente cuantificable y asignable a los no asociados.

RESULTADOS POR OPERACIONES AJENAS A LA GESTIÓN COOPERATIVA: estos resultados son: 1) los ingresos provenientes de inversiones transitorias; 2) aquellos provenientes de inversiones permanentes en otros entes; 3) ingresos provenientes de la venta de bienes de uso; 4) derechos de ingresos o y/o transferencias; 5) donaciones y subsidios; 6) todo ingreso obtenido por bienes afectados a actividades inherentes al objeto social; y, 7) otros ingresos y egresos que provienen de las actividades ajenas a la gestión cooperativa.

RESUMEN DE CUENTA: estado periódico que se remite a cada cliente con los movimientos correspondientes a dicho lapso (saldo anterior, compras, pagos, en general débitos y créditos, saldo final, etc.).◆ Documento que el vendedor le envía al cliente que paga a plazo las operaciones realizadas, compras y pagos, notas de crédito o débito si existieren, durante un período determinado. ◆ Es un estado de cuenta de cada cliente.

RESUMEN DE CUENTA BANCA-RIA: documento que el banco envía periódicamente al titular de la cuenta conteniendo toda la información a una determinada fecha de los distintos movimientos realizados más gastos diversos e intereses si correspondieren.◆ Extracto de cuenta.◆ Estado del banco.

RETIRO: salida de asociados que se realiza voluntariamente de acuerdo con la época establecida en el estatuto o bien al finalizar el ejercicio social. En la Argentina se debe dar aviso con 30 días de anticipación.

RETORNO: remanente que se devuelve a los asociados en proporción al uso de los servicios sociales u otra base establecida ◆ Devolución por un ajuste de precio en virtud del cual el asociado recupera lo que ha pagado en exceso debido a la imposibilidad práctica de efectuar el cálculo exacto del precio al momento de retirar la mercadería. Una vez establecida la medida en que a cada asociado le corresponde, a prorrata de sus retiros, se paga en efectivo o en cuotas sociales (capital) según lo determine la asamblea *(D. Cracogna)* ◆ Excedente repartible en una sociedad cooperativa, luego de cumplir con las asignaciones estipuladas por ley o estatuto, que se distribuye entre los asociados de acuerdo con los distintos criterios ◆Excedente.

RETORNO DE LOS EXCEDENTES: ver **Retorno.**

REVALÚO CONTABLE: asignar una nueva valuación a algún elemento del activo o pasivo.◆ Modificación del valor de una moneda con respecto al metal utilizado como patrón en un sistema monetario o a otra moneda extranjera utilizada como referencia valorativa o comparativa. Es un ajuste que, usualmente, se produce como consecuencia de una posición favorable o superavitaria de la balanza de pagos.

ROCHDALE: población inglesa ubicada a 17 km de Manchester, Inglaterra. Atravesada por el río Roach, esta ciudad significa "valle del río Roch". Roch es la verdadera pronunciación de Roach. Cuna del cooperativismo, que recibió los efectos de la revolución industrial iniciada a mediados del siglo XVIII; al aparecer las máquinas de hilar y tejer. ◆ Ver **Historia del cooperativismo.**

ROCHDALE DISTRICT CORN MILL SOCIETY: cooperativa que inició sus actividades en 1850 con el objeto de suministrar a los socios harina pura y a precios muy bajos con respecto a los del mercado. La participación de Abraham Greenwood en 1852 le dio un gran impulso.

RÚBRICA: acto por el cual se sellan las hojas de los libros de contabilidad o sociales, foliados, indicándose en el mismo el nombre del comerciante, denominación del libro, cantidad de hojas, fecha y orden de rubricación. Se realiza a través de los escribanos de registro u organismos competentes de acuerdo con las distintas legislaciones.◆ Rasgo de diversa figura que suele ponerse después de la firma.

RUBRICACIÓN: acto mediante el cual se realiza la rúbrica de los libros contables, societarios o similares.◆ Individualización jurídica.

RUBRICAR: identificar o señalar las hojas de un libro de comercio de acuerdo con lo estipulado en las disposiciones correspondientes ◆Firmar, poner la rúbrica.

S

SAINT-SIMON, CLAUDE-HENRI DE ROUVROY, CONDE DE: (1760-1825) escritor, filósofo y político francés, uno de los máximos exponentes de la sociología moderna nación en París pero joven partió hacia América, a Washington. Sus partidarios A. Comte, Bazard (fundador del carbonarismo) y Pierre Leroux enarbolaron su discurso "a cada uno según su capacidad y a cada capacidad según su obras" y fundaron la comunidad de Ménilmuntant, que culminó con una condena judicial. Quiso reorganizar la sociedad europea mejorar la suerte de la humanidad, santificar el trabajo, asociar a los trabajadores, liberar a la mujer, realizar la propiedad, la familia y la religión. Sus teorías utópicas, basadas primero en las matemáticas y después en la economía, cristalizaron un cristianismo social, oscilando entre un socialismo, del cual fue el precursor, y un individualismo anárquico. La lucha de clases la concebía como una pugna entr ehombres productores y hombres ociosos. La sociedad más que ser gobernada debe ser conducida y dirigida.

SALAS ANTÓN JUAN: (1854-1931) nacido en Sabadell, se recibió de abogado en 1877 en Barcelona. Acérrimo defensor del cooperativismo rochdaliano y de la doctrina socialista. En 1902 fue elegido miembro del Comité Ejecutivo de la Alianza Cooperativa Internacional, en el Congreso Cooperativa realizado en Manchester, Inglaterra. Fue uno de los más prestigiosos exponentes del cooperativismo en España.

SALDO: diferencia resultante entre los débitos y créditos totales de una cuenta. Cuando los primeros superan a los segundos, el saldo es deudor, y a la inversa, acreedor.◆ Diferencia neta de una cuenta.◆ Diferencia entre la suma registrada en el debe y la registrada en el haber.◆ Mercaderías que una empresa comercializa a precio reducido con la finalidad, generalmente, de agotar las existencias.◆ Liquidación de una obligación o deuda.◆Pago de deuda u obligación.

SCHULZE-DELITZSCH H.: (1808-1883), juez y magistrado alemás, que promovió el cooperativismo en Alemania con una orientación sólida hacia el crédito cooperativo. Presentó el primer proyecto de legislación cooperativa que se promulgó por el Parlamento de Prusia en 1867. Además en 1852 creó una pequeña institución crediticia que resultó el puntapié inicial del momento cooperativo de los banco spopulares.

SECCIÓN: cada actividad establecida en el objeto social del ente cooperativo, en la medida que pueda determinarse en forma clara y precisa su individualización.

SECRETARÍA DE ACCIÓN COOPERATIVA: en la Argentina, organismo reemplazado por el Instituto Nacional de Acción Cooperativa, INAC, en la Argentina. Ente a su vez sustituido en abril de 1996 por el "Instituto Nacional de Acción Cooperativa y Mutual", INACyM y posteriormente por el Instituto Nacional de Asociativismo y Economía Social ◆ Ver **INAES**.

SECTOR COOPERATIVO: sector económico que lidera la corriente doctrinaria de movimiento cooperativo. Los otros sectores económicos según Georges Fauquet, son de acuerdo con esta concepción: el público, el capitalista y el privado. El público es el representado por las empresas del Estado y de otras corporaciones públicas. El capitalista, el que comprende todas las empresas en que domina el capital privado. El propiamente privado, el que está integrado por las pequeñas empresas no capitalistas de la economía compesina, familiar y artesana. Por último, el cooperativo, es el que engloba todas las formas de cooperación.

SECTOR ECONÓMICO: conjunto de sujetos o agentes que, por tener análoga naturaleza económica, efectúan el mismo tipo de transacciones y tienen, por lo tanto, un comportamiento económico similar. Conjunto homogéneo que realiza habitualmente el mismo tipo de actividad o desarrolla la misma función (B. Leontief).

SECTORES ECONÓMICOS: ver **Sector económico.**

SERVICIOS SOCIALES: los que presta cada cooperativa de acuerdo con lo establecido en su estatuto la utilización de los servicios constituye la pauta fijada para la obtención proporcional de los retornos excedentes.

SÍMBOLO COOPERATIVO: ver **Emblema.**

SIN ÁNIMO DE LUCRO: cuando en una organización socio-económica no predomina el afán de lucro; por el contrario el cooperativismo tiene como premisas la solidaridad y el servicio. ◆ Ver **Entidad no lucrativa.**

SINDICATURA: la fiscalización privada está a cargo de uno o más síndicos según lo establezca el estatuto, elegidos por la asamblea entre los asociados, sin exigencia de calificación profesional.

SINDICATURA DEL ENTE: fiscalización privada a cargo de uno o más síndicos según lo establecido en el estatuto, elegido por la asamblea entre los asociados, sin exigencia de calificación profesional. Es necesario destacar que el síndico puede desempeñar la auditoría cuando tuviera el título de Contador Público inscripto en el registro correspondiente. En el caso de la actuación de un síndico no profesional cuando en un informe emita una opinión sobre estados contables y/o balances de sumas y saldo, puede dejar constancia que la misma ha considerado el informe del auditor externo o bien el de otro contador público, cuyos servicios hubiere solicitado.

SÍNDICO: el cargo es personal e indelegable. Además es ilimitada y solidariamente responsable por el incumplimiento de las obligaciones que le impone la ley, el estatuto y el reglamento.

SISTEMA CONTABLE: parte del sistema de información de un ente que toma y procesa datos referi-

dos a las contingencias, bienes de terceros y patrimonio del ente y su evolución.◆ Representación de la contabilidad como un mecanismo que registra, clasifica y resume las actividades económicas que han sido traducidas a unidades monetarias por medio de los principios contables generalmente aceptados.◆ Sistema de contabilidad.

SISTEMA DE ROCHDALE, CARAC-TERÍSTICAS: las características fundamentales son:
1) El ejemplo de establecer el despacho con fondos reunidos por los mismos cooperadores.
2) Suministrar los artículos más puros que puedan obtenerse.
3) Peso y medida completos.
4) Venta a los precios del mercado, sin reducción y sin entablar competencia con los tenderos.
5) No pedir ni conceder créditos, apartando a los obreros de la costumbre de comprar al fiado.
6) Distribuir los beneficios entre los socios, en proporción al importe de sus compras.
7) Inducir a los socios a dejar sus beneficios en el Banco de la Cooperativa, para que vayan acumulándose, y enseñando así a los socios el ahorro.
8) Fijar el cinco por ciento como tipo de interés, para que el trabajo y el comercio (que son los que hacen fructífero el capital) puedan tener buena probabilidad de ganancia.
9. Repartir los beneficios correspondientes al personal entre los

que los han ganado y proporcionalmente a sus salarios.

10) Dedicar a obras de educación y enseñanza, el 2,5 por ciento de todos los beneficios para fomentar el perfeccionamiento de los socios.

11) Conceder a todos los socios el democrático derecho de votar (una persona, un voto) sobre todas las proposiciones y nombramientos y conceder a las mujeres el mismo derecho.

12) El propósito de extender el comercio y la producción cooperativa con el establecimeinto de una ciudad industrial, en que dejarían de existir el crimen y la competencia desleal.

13) Provocando la creación de la Sociedad de Compras al por mayor; y

14) La concepción de la tienda cooperativa como una institución y germen de una nueva vida social, que, mediante el propio esfuerzo bien dirigido, pueda asegurar la moralidad y la competencia a todos los hombres industriales.
(G. J. Holyoake).

SOBRANTE PATRIMONIAL: remanente total de los bienes sociales una vez pagadas las deudas y devuelto el valor nominal de las cuotas sociales ◆ Importe que resulta de la liquidación de una cooperativa con posterioridad a la realización total del activo, del pasivo y del patrimonio neto. El sobrante, en caso de existir se destina a la promoción de cooperativismo.

SOCIEDAD: acto por el cual varias personas se obligan mutuamente, cada una con una prestación a fin de obtener alguna utilidad apreciable en dinero, que dividirán entre sí ◆ Reunión de dos o más personas que aportan sus bienes o trabajo a la vez para lograr o alcanzar un fin común y determinado ◆ Agrupación natural o pactada de personas que constituyen una unidad distinta de cada uno de sus individuos con el fin de cumplir, mediante la mutua cooperación, todos o algunos de los fines de la vida. ◆ Ver **Asociación**

SOCIEDAD COOPERATIVA: "S. Coop." (en España) ◆ Organización concreta del sistema cooperativo, que lleva en sí el germen de una transformación social encaminada a abolir el lucro y el régimen del asalariado para sustituirlo por la solidaridad y la ayuda mutua, sin suprimir la libertad individual *(R. Rojas Coria)* ◆ Una de las formas jurídicas, la principal, pero no la única, del fenómeno económico de la cooperación o mutualidad. No la única, puesto que se dan entidades mutualistas (o sea, igualmente, manifestaciones de cooperación) que no son sociedades. La cooperativa tiene una finalidad mutualística; y como tal, se contrapone a la sociedad lucrativa. Mutualidad implica que la sociedad debe limitar (no, sin embargo, abolir) la distribución de la utilidad a los socios; no debe repartir reservas durante la vida de la sociedad y al cesar la sociedad, el patrimonio entero, reembolsa el capital efectivamente desembolsado por los socios, debe ser destinado a fines de utilidad pública. Es ajena a ellas, por consiguiente, toda finalidad especulativa *(F. Messineo)* ♦ Asociación que no tiene fines de lucro, su causa es la solidaridad. El Diccionario de la Lengua Española la define como "la que se constituye entre productores, vendedores o consumidores para la utilidad común de los socios". A su vez, la *Alianza Cooperativa Internacional*, cualquiera sea su constitución legal, incluye a toda asociación de personas que tiene por fin el mejoramiento económico y social de sus miembros por la explotación de una empresa, sobre la base de una ayuda recíproca, basada en los siguientes principios: 1) la adhesión a una cooperativa debe ser abierta y voluntaria. No debe haber restricciones artificiales ni discriminaciones sociales, religiosas o políticas; 2) son organizaciones democráticas. Los socios de las cooperativas primarias deben gozar de los mismos derechos de voto; es decir, un socio, un voto, y participación en las decisiones que afectan a sus organizaciones. En las cooperativas no primarias, la administración debe conducirse sobre bases democráticas según un método adecuado. Las operaciones de una cooperativa deben ser administradas por personas elegidas o designadas por medio de un procedimiento acordado por sus socios y su responsable ante éstos; 3) el capital accionario, en el caso de recibir interés, debe serlo a una tasa estrictamente limitada; 4) los excedentes producidos por las operaciones de una cooperativa, si los hay, pertenecen a los asociados y deben distribuirse de tal manera que se evite que uno de ellos obtenga ganancias a expensas de los otros. La distribución puede hacerse, por decisión de los asociados, de la siguiente manera: a) destinándolos a la expansión de las operaciones de la cooperativa; b) destinándolos a servicios comunes; c) distribuyéndolos entre los socios en proporción a las operaciones realizadas con la sociedad; d) todas las cooperativas deben tomar providencias para la educación de sus miembros, dependientes, directivos y público en general, en los principios y técnicas tanto económicos como democráticos, de la cooperación; y, e) las cooperativas, para servir mejor a los intereses de sus miembros, deben colaborar por todos los medios con otras cooperativas a los niveles local, nacional e internacional *(Alianza Cooperativa Internacional)*. Con relación a lo expuesto precedentemente el prestigioso autor *Alfredo Althaus,* expresa: "La definición de la Alianza Cooperativa Internacional está visiblemente inspirada en la de Fauquet, según la cual las cooperativas son asociaciones de personas cuyos miembros persiguen la satisfacción de sus necesidades personales, familiares o profesionales, por medio de una empresa común, dirigida por ellos mismos, a su ventaja y riesgo, sobre la base de la igualdad de sus derechos y obligaciones. ◆ *Lambert,* a su vez, la define como una empresa constituida y dirigida por una asociación de usuarios que aplican en su seno la regla de la democracia, y que tiende directamente al servicio tanto de sus miembros como del conjunto de la comunidad.◆ *Leyerson* enuncia los siguientes rasgos típicos: es una asociación de personas basadas sobre el acuerdo de voluntades libremente manifestadas, para la común explotación de la empresa; variabilidad del personal de socios y del capital; el fin inmediato y subjetivo consiste en la satisfacción de las necesidades por la acción común: la distribución de los beneficios se realiza a prorrata del importe de las operaciones hechas con cada asociado con las cooperativas. Las cooperativas pueden ser, de acuerdo con su objeto: ganaderas, tamberas, agrícolas, vitivinícolas, mineras, de consumo, de crédito, de provisión de servicios, de servicios médicos, de enseñanza, de servicios telefónicos, pesqueras, hortícolas, agropecuarias, agrícolas, de exportación, frutihortícolas, asistenciales, etcétera ◆ Empresa constituida y dirigida por una asociación de usuarios, aplicando en su interior la regla de la democracia y que tiende directamente al servicio tanto de sus miembros como del conjunto de la comunidad. ◆ Ver **Cooperativa.**

SOCIEDAD DE CONSUMO: creación de falsas necesidades y adormecimiento de la conciencia crítica a través de la satisfacción de las necesidades económicas. No se presenta como el resultado inevitable del progreso humano, como el producto de un proceso de automatización de la producción incontrolada, sino que debe ser expuesto como un sistema de relaciones de producción basado en la propiedad privada, que procura prolongar su vigencia por medio de la acción planificada de los instrumentos de poder *(I. Cheresky)* ◆ El consumo tiene formas específicas que en cada época son condicionadas por la estructura de la organización. Para analizar las políticas productivas y comerciales es necesario analizar los tres tipos de obsolescencia. La obsolescencia de función: un producto queda fuera de moda cuando se introduce otro producto que ejecuta mejor su función; la obsolescencia de calidad: cuando es planificada y el producto se desgasta en un período muy corto; la obsolescencia de atractivo: en esta situación, un producto que todavía puede ser utilizado en términos de calidad o de ejecución se torna anticuado para nuestro pensamiento, porque una modificación de su estilo u otro cambio hace a otro producto más apetecible.

SOCIEDAD EQUITATIVA DE LOS PIONEROS DE ROCHDALE: constituida en 1844, en Rochdale, por obreros y artesanos se constituyó en la primera cooperativa de este tipo. ◆ Ver **Veintiocho.**

SOCIEDAD OBRERA COOPERATI-VA: primera cooperativa fundada en Costa Rica en 1907, compuesta por los artesanos vinculados con la comercialización de productos elementales de consumo.

SOCIOS HONORARIOS: personas naturales o jurídicas que suscriben acciones cuyo valor pasa a fondo perdido o renuncian a su reembolso los que hacen un donativo periódico o fijo, y las que prestan libre y desinteresadamente su ayuda o los fines sociales, según legislación de Chile *(B. Cerdá Richart).*

SOCIOS INDUSTRIALES: los que aportan a la sociedad de un modo permanente su trabajo, industria o habilidad personal, pudiendo valorarse este aporte en acciones o en cuotas según los casos ◆ Socios profesionales, según legislación de Chile *(B. Cerdá Richart).*

SOCIOS PROFESIONALES: ver **Socios industriales.**

SOLIDARIDAD: componente del espíritu cooperativo. Concepto clave en la propuesta ética de *Richard Rorty.* Se trata de una propuesta que escapa a las pretensiones de universalidad que puede tener el concepto en otras perspectivas, como la cristiana. Lo que *Rorty* sostiene es que la solidaridad requiere necesariamente un espacio compartido, cercano, ya que atañe al grupo que un ser humano puede considerar como un "nosotros". Esto no supone que quienes formen parte de ese nosotros sean idénticos sino que haya una apertura suficiente como para desestimar algunas diferencias a favor de una similitud ante el dolor y la humillación. Es decir, "uno de nosotros" es alguien suyo, el sufrimiento nos duele. Allí es donde puede desplegarse la solidaridad. No se trata tanto de una cuestión de derecho *a priori* sino de sentirse involucrado con el otro. Por ello, *Rorty* considera que más efectivo que un tratado de ética es una buena película o una novela en la que a partir de la empatía que se pueda sentir por un personaje se abra la posibilidad de considerar a determinados sujetos como parte de "nosotros" *(G. Santiago)* ◆ Dentro de la teoría cooperativa es la adhesión circunstancial al objeto de la actividad.

SUCURSAL: establecimiento de ventas ubicado en un sitio distinto de donde se encuentra la sede de la empresa que es propietaria de aquél. La finalidad de las sucursales es aumentar los centros de ventas dentro del país o fuera de él para incrementar el volumen de ventas. Si bien pueden tener un cierto margen de independencia, las sucursales dependen directamente de la casa matriz, que les impone directivas en los diferentes aspectos de la organización, como administrativos, comerciales y de instalación.

SUGEF: en Costa Rica, Superintendencia General de Entidades Financieras. ◆ Ver **INFOCOOP.**

SUPERÁVIT: ganancia como resultado de superar los ingresos a los egresos.◆ Es el beneficio de la empresa por su actividad económica al cabo de un ejercicio contable.◆ En la administración pública, exceso de los ingresos sobre los gastos.◆ En algunos países, diferencia positiva entre el patrimonio menos el capital social.◆ Ganancia, básicamente se utiliza para los entes sin fines de lucro. ◆ Excedente.

SUSCRIPCIÓN: compromiso que asumen los asociados a integrar las cuotas sociales ◆ Acto por el cual una persona se compromete a integrar una parte del capital de una sociedad ◆ Compromiso que se asume con el fin de abonar una o más acciones, debentures o títulos de la deuda pública. A posteriori, con la integración o pago de los citados títulos, se perfecciona el acto de suscripción ◆ Cuando las sociedades pueden aumentar su capital emitiendo nuevas acciones y ofreciéndolas al público.

T

TANTO POR CIENTO: de cada ciento. Se construye precedido de un número que indica el tanto por ciento. Se representa con el signo %.◆ En los porcentajes se recomienda no usar el apócope cien: "El cuarenta por ciento (no por cien). A pesar de ello se utiliza la expresión cien por cien fuera de un contexto estrictamente numeral o contable, con el significado de total o absolutamente.

TANTO POR MIL: de cada mil.◆ Se construye precedido de un número que indica el tanto por mil. Se representa con el signo ‰.

TASA: tributos que personas físicas y jurídicas aportan al Estado por prestaciones de servicios públicos específicos. Ej: alumbrado, barrido y limpieza; permisos de edificación, etcétera.◆ De acuerdo con el Modelo Tributario para América Latina, es el tributo cuya obligación tiene como hecho generador la prestación efectiva o potencial de un servicio público individualizado en el contribuyente.◆ Relación de la diferencia entre dos cifras con respecto a una de ellas, tanto por ciento o tanto por mil fijado sobre un todo. Medida, precio.◆ Tanto por ciento o por mil fijado como renta de un dinero depositado o por préstamo.

TASA DE INFLACIÓN: porcentual, tomado en tanto por uno como por cualquier otra cosa, que indica la magnitud de la pérdida de valor adquisitivo del dinero durante un período determinado.

TASA DE INTERÉS: remuneración del capital. En el caso de recibir un préstamo, será el precio a abonar por la utilización de ese capital. En la situación de efectuarse una inversión de fondos será el rendimiento que esa inversión obtenga. ◆ Interés que gana $1 en la unidad de tiempo.

TEETOTALERS: obreros que sostenían cuando se introdujo el maquinismo que para solucionar sus problemas económicos, la mejor opción consistía en abstenerse de bebidas alcohólicas y entregar el ahorro obtenido a la familia. Partidarios de la templanza en el beber.
◆ Ver **Cartistas.**

THE CO-COPERATIVE TRADING ASSOCIATION: en 1827, William King crea la primera asociación cooperativa con esta denominación.

THE ECONOMIST: ver **Cooperación**.

TIPOS DE COOPERATIVAS: los criterios de clasificación pueden sintetizarse en: 1) por la índole del objeto social a los asociados; 2) por la función del régimen de propiedad social y la forma como se entiende la participación del asociado en la gestión y apropiación de los excedentes; 3) por la variedad del objeto ofrecido a los asociados; y, 4) por el grado que ocupan los organismos en la organización federativa.

TÍTULO DE CRÉDITO: documento típicamente destinado a la circulación, que importa una promesa (una verificación) unilateral, escrita y suscrita en beneficio de quien sea su portador (o el legítimo endosatario o titular sobre el título); se ve entonces en el título un documento constitutivo del derecho y con cuya disposición se dispone del derecho mismo. Las consecuencias que derivan de un título valor son independientes del contenido de la declaración de voluntad y se refiere a los efectos de la documentación, es decir, del documento en sí. Protege la literalidad y le proporciona autonomía, porque ha habido voluntad de documentar en la forma concreta del título valor en cuestión.

TÍTULO DE DEUDA: documento o título escritural en el cual consta una deuda de su emisor, su importe y fecha de cancelación.

TÍTULOS COOPERATIVOS DE CAPITALIZACIÓN: títulos emitidos mediante la aprobación de la asamblea. ◆ En la Argentina, fueron creados por la autoridad de aplicación de la ley de cooperativas. Se caracterizan como capital complementario por la reglamentación y son emitidos mediante aprobaciónd e la asamblea. Sus características fundamentales son: 1)sólo puede aportar a ente quienes revistan la condición de asociados; 2)pueden emitirse en cualquier tipo de moneda, es decir, local o extranjera; 3) se les reconoce un interés a pagar con excedentes repartibles en las condiciones fijadas por la autoridad de aplicación; 4) si no existieran excedentes repartibles o por insuficiencia de los mismos el pago de los intereses se difiere para futuros ejercicios; 5) los reembolsos se pueden realizar parcialmente; y,

6) suscripto totalmente la emisión se admiten nuevas suscripciones cuyos montos pueden utilizarse íntegramente para rescatar los existentes.

TRABAJADOR: jornalero, obrero ◆ Quien desarrolla un esfuerzo físico o mental en una determinada actividad.

TRABAJO: esfuerzo humano aplicado a la producción de riqueza ◆ Ocupación retribuida.

TRANSFERENCIA DE CUOTAS SOCIALES: acto mediante el cual un asociado a una cooperativa transfiere o cede la titularidad de su cuota a otra persona ◆ La transmisión de las cuotas solamente puede realizarse entre asociados, con acuerdo del Consejo de administración y en las condiciones que establezca el estatuto. En algunos países existe una mayor flexibilidad.

U

UNIÓN INTERNACIONAL RAIFFEI-SEN (IRU): organismo internacional que asocia las organizaciones Raiffeisen nacionales, se fundó en Alemania en 1968. Su sede está en Bonn, Alemania.

USO DE CAPITAL: el capital debe utilizarse en función y de acuerdo con el objeto social.

USUARIO: persona o asociado que utiliza los servicios de una cooperativa.

V

VALOR: cualidad de las cosas en virtud de la cual, para poseerlas, se entrega cierta suma de dinero o su equivalente.◆ Título representativo de participación en haberes de sociedades, de cantidades pecuniarias de mercaderías, de fondos pecuniarios o de servicios que son materias de operaciones mercantiles. ◆ Contablemente, es el precio en dinero asignado a los bienes del activo y del pasivo y aquellos bienes y servicios producidos. ◆ Cantidad de dinero, valor monetario, o bienes, valor relativo, necesarios para obtener a cambio otro bien.◆ Grado de utilidad o aptitud de las cosas para satisfacer necesidades o proporcionar bienestar.

VALORES: principio mediante el cual las cooperativas se basan en los valores de ayuda mutua, responsabilidad, democracia, igualdad, equidad y solidaridad. Siguiendo la tradición de sus fundadores, los miembros de las cooperativas creen en los valores éticos de honestidad, transparencia, responsabilidad social y preocupación por los demás *(Declaración de Identidad Cooperativa).*

VALORES COOPERATIVOS: hace pocos años que aparece a nivel doctrinario un análisis distinto o diferente entre los valores y los principios cooperativos. En 1844 los valores fueron los engendrados por los principios cooperativos de los Pioneros de Rochdale. Dichos principios fueron reformulándose en varias oportunidades. Pero en el listado de valores aparecerán específicamente: participación, democracia, honradez y preocupación por los demás ◆ La actividad cooperativa se fundamenta en los valores de ayuda mutua, responsabilidad, democracia, igualdad, equidad y solidaridad. Es una tradición de los fundadores que miembros de las cooperativas deben ejercer los valores éticos de honradez, transparencia, responsabilidad social y preocupación por los demás ◆ Algunos autores establecen tres categorías de valores: 1) valores básicos, es decir, se incluyen la igualdad, la democracia, la autoayuda voluntaria y mutua, el progreso económico y social; 2) valores morales básicos, es decir, el pluralismo, la confianza en el sistema cooperativo, la honradez y la preocupación por los demás; y, 3) valores instrumentales, es decir, la autonomía, la educación, la cooperación nacional e internacional y la participación de los asociados.

VEINTIOCHO: los tejedores y fundadores de la *Rochdale Equitable Pioneers Society*, empresa reconocida universalmente como pionera del cooperativismo, que crearon en 1844. Los componentes de la sociedad fueron: James Smithies, William Cooper, John Collier, Miles Ashworth, James Tweedale, John Holt, James Bramford, John Hill, John Scowcroft, James Standring, Joseph Smith, Robert Taylor, James Wilkinson, George Healey, David Brooks, Samuel Ashworth, William Mallalien, James Daley, John Bent, John Kershaw, Ana Tweedale, James Madem, James Manock, William Taylor, Benjamin Reedmac, John Garside, Sammuel Tweedale y Charles Howarth. Estas personas estaban desocupadas como consecuencia de una huelga, se unieron para abrir un almacén y fijaron como preceptos básicos para su administración, los llamados y conocidos como "Principios de Rochdale". En realidad no todos eran tejedores. El capital reunido fue de 28 libras esterlinas. ◆ Ver **Historia del cooperativismo.**

VERDE: color de los pinos que se asemeja al color de la clorofila que resulta un emblema del principio vital de la naturaleza.

VOLUNTARIEDAD: principio básico ya que nadie puede ser obligado a ingresar a una cooperativa contra su voluntad. Es el reconocimiento de la importancia del esfuerzo y autoayuda y la posibilidad de que los hombres de la cooperación puedan fijar libremente su propio destino.

VOTO UNIPERSONAL: se concede un solo voto a cada uno de los asociados independientemente de la cantidad de cuotas sociales que posea.

W

WALRAS LEÓN: (1834-1910). Economista de gran prestigio que tuvo un activo papel en el marco del cooperativismo y especialmente desde la fundación de una revista de economía política: *Le Travail.* Su doctrina la denominó *"socialismo liberal".*

WEBER MAX: (1864-1920) para algunos autores el sociólogo más importante. En Alemania, escribió varias obras. La ética protestante y el espíritu del cooperativismo (1904-1905); La situación de la democracia en Rusia (1906); Historia económica general (1910). Niega que la economía, la cultura, el arte, etc., sean meras superestructuras de una institución económica subyacente, sino que las presenta como efectos de los correspondientes desarrollos de la voluntad humana, en sus múltiples factores motivadores.

WOCCU: World Council of Credit Unions.◆ Ver **Consejo mundial de cooperativas de ahorro y crédito**.

ANEXO

MODELO DE REGISTRACIÓN CONTABLE

1. *Por la constitución de la sociedad.*
Socios suscriptores
  a Capital suscripto

2. *Por la integración del capital.*
Caja
  a Socios suscriptores

3. *Por el cobro del derecho de ingreso.*
Caja
  a Derecho de ingreso

4. *Por los gastos de constitución.*
Gastos de constitución
  a Caja

5. *Por retiro de socios y devolución de capital.*
Capital suscripto
  a Retiro de socios

Retiro de socios
  a Caja

6. *Por la distribución de los excedentes*
Excedentes y pérdidas
  a Reserva legal
  a Fondo de acción laboral
  a Fondo para capacitación cooperativa
  a Retorno socios

MODELO DE ESTADOS CONTABLES

NORMAS GENERALES DE EXPOSICIÓN CONTABLE

NORMAS COMUNES A TODOS LOS

ESTADOS CONTABLES

A. ALCANCE

Las presentes normas son aplicables a todos los estados contables para ser presentados a terceros.

B. MODELO CONTABLE

Los estados contables deben expresarse:

a) En la moneda que se establezca.

b) En un múltiplo de esa moneda.

Puede efectuarse el redondeo de cifras no significativas.

En todos los casos, los estados contables indicarán la moneda en la que están expresados.

Las normas de esta resolución técnica son aplicables para las diferentes alternativas de criterios de medición de activos y pasivos.

C. ESTADOS BÁSICOS

Los estados contables a presentar son los siguientes:

1. Estado de situación patrimonial o balance general.

2. Estado de resultados (en los entes sin fines de lucro, estado de recursos y gastos).

3. Estado de evolución del patrimonio neto.

4. Estado de flujo de efectivo.

En todos los casos debe respetarse la denominación de los estados básicos. Éstos deben integrarse con la información complementaria, la que es parte de ellos.

D. ESTADOS COMPLEMENTARIOS

Los estados consolidados constituyen información complementaria que debe presentarse adicionalmente a los estados básicos, cuando así corresponda. Ellos comprenden:

1. Estado de situación patrimonial o balance general consolidado.

2. Estado de resultados consolidado.

3. Estado de flujo de efectivo consolidado.

Los estados consolidados -al igual que los estados básicos- deben integrarse con su respectiva información complementaria.

E. INFORMACIÓN COMPARATIVA

Los importes de los estados contables básicos se presentarán a dos columnas. en la primera se expondrán los datos del período actual y en la segunda la siguiente información comparativa:

a) Cuando se trate de ejercicios completos, la correspondiente al ejercicio precedente.

b) Cuando se trate de períodos intermedios:

1) la información comparativa del estado de situación patrimonial será la correspondiente al mismo estado a la fecha de cierre del ejercicio completo precedente; y,

2) las informaciones comparativas correspondientes a los estados de resultados (o de recursos y gastos), de evolución del patrimonio neto y del flujo

de efectivo serán las correspondientes al período equivalente del ejercicio precedente.

En caso de negocios estacionales, en los estados de situación patrimonial de períodos intermedios, se incluirán también (mediante una tercera columna o una nota) los datos correspondientes a la misma fecha del año precedente.

No se requiere la presentación de información comparativa cuando el ente no hubiera tenido la obligación de emitir el estado, donde se hubiera encontrado la información con la que se requiere la comparación.

Los mismos criterios se emplearán para preparar la información complementaria de desagregue datos de los estados contables básicos. La restante información complementaria contendrá los datos comparativos que se consideren útiles para los usuarios de los estados contables del período corriente.

Los datos de períodos anteriores se prepararán y expondrán aplicando los mismos criterios de medición contable, de unidad de medida y de agrupamiento de datos utilizados para preparar y exponer los datos del período corriente. Por lo tanto, los datos comparativos presentados podrán diferir de los expuestos en los estados contables originales correspondientes a sus períodos cuando, en el período corriente:

a) corresponda aplicar las normas de modificación de la información de ejercicios anteriores; o

b) se produzcan cambios en las normas contables referidas al contenido y la forma de los estados contables; o

c) se modifiquen los contenidos de los componentes de los estados contables cuya exposición sea especialmente requerida por otras resoluciones técnicas (por ejemplo, la composición de segmentos o la lista de operaciones descontinuadas o en descontinuación)

Cuando la duración del ejercicio o período incluido con fines comparativos difiera de la duración del ejercicio o período corriente, deberán exponerse esta circunstancia y el efecto que sobre la comparabilidad de los datos pudieren haber tenido la estacionalidad de las actividades o cualesquiera otros hechos.

F. MODIFICACIÓN DE LA INFORMACIÓN DE EJERCICIOS ANTERIORES

Cuando por aplicación de la normas de las modificaciones a resultados de ejercicios anteriores se computen ajustes de ejercicios anteriores:

A) Deberá exponerse sus efectos sobre los saldos iniciales que se presenten en el estado de evolución de patrimonio y, cuando correspondiere, en el estado de flujo de efectivo.

B) Deberán adecuarse las cifras correspondientes al (o a los) ejercicio (s) precedente(s) que se incluyan como información comparativa.

Éstas adecuaciones no afectan a los estados contables correspondientes a los ejercicios ni a las decisiones tomadas con base de ellos.

G. SÍNTESIS Y FLEXIBILIDAD

Los estados básicos deben ser presentados en forma sintética para brindar una adecuada visión de conjunto, exponiendo, en carácter de complementaria, la información necesaria no incluida en el cuerpo de ellos.

Las normas particulares y modelos deben ser flexibles para permitir su adaptación a las circunstancias de cada caso.

En tanto se mantenga la observancia de estas normas su aplicación es flexible.

Por ello, es posible:

1) Adicionar o suprimir elementos de información teniendo en cuenta su importancia.

2) Introducir cambios en la denominación, apertura o agrupamiento de cuentas.

3) Utilizar paréntesis para indicar las cifras negativas, con relación al activo, pasivo, resultados y orígenes y aplicaciones del capital corriente (o de los fondos).

H. INFORMACIÓN COMPLEMENTARIA

Comprende la información que debe exponerse y no está incluida en el cuerpo de los estados básicos. Dicha información forma parte de estos.

Se expone en el encabezamiento de los estados, en notas o en cuadros anexos.

Debe hacerse referencia en el rubro pertinente de los estados a la información complementaria respectiva que figure en notas o anexos.

NORMAS COMUNES A TODOS LOS ESTADOS CONTABLES

A. ALCANCE
Además de las normas generales, las presentes normas particulares son aplicables a todos los estados contables para ser presentados a terceros de los entes con objeto industrial, comercial o de servicios, excepto entidades financieras y de seguros.

B. MODELO
El modelo que se incluye más adelante, es aplicable para los entes indicados precedentemente.

C. SÍNTESIS Y FLEXIBILIDAD
Los estados básicos deben ser presentados en forma sintética para brindar una adecuada visión de conjunto de la situación patrimonial y de los resultados del ente, exponiendo, en carácter de complementaria, la información necesaria no incluida en ellos. En tanto, se mantenga la observancia de estas normas y de la estructura general del modelo su aplicación es flexible. Por ello, es posible:

1) Adicionar o suprimir elementos de información teniendo en cuenta su importancia.

2) Introducir cambios en la denominación, apertura o agrupamiento de cuentas.

3) Utilizar paréntesis para indicar las cifras negativas, con relación al activo, pasivo, resultados y orígenes y aplicaciones del efectivo y equivalentes de efectivo.

D. INFORMACIÓN POR SEGMENTOS
Las sociedades que estén en el régimen de oferta pública de sus acciones o títulos de deuda o que han solicitado autorización para hacerlo deben presentar la información por segmentos primarios o secundarios.

E. INFORMACIÓN SOBRE OPERACIONES DESCONTINUADAS O EN DESCONTINUACIÓN

A los efectos de la preparación de la información sobre operaciones descontinuadas o en descontinuación, se considera en descontinuación a un componente del ente que cumple con las siguientes condiciones:

a) se ha resuelto venderlo en conjunto o por partes, escindirlo o abandonarlo, sea totalmente o en una parte sustancial, según surge de:

1) un plan detallado, aprobado por el órgano administrador y anunciado al público, o

2) hechos concretos, como la asunción de un compromiso de venta de la totalidad de los activos del segmento o de una parte sustancial de ellos;

b) constituye una línea separada de negocios o un área geográfica de operaciones; y

c) puede ser distinguido tanto a los fines operativos como de preparación de información contable.

Las siguientes actividades, por sí solas, no satisfacen el criterio establecido en el inciso a):

a) retirada gradual de una línea de productos o servicios;

b) paralización de la producción o venta de varios productos dentro de una línea de actividad en marcha;

c) cambio de un lugar a otro de las actividades de producción o comercialización de una línea de actividad determinada;

d) cierre de instalaciones para mejorar la productividad; y

e) venta de una sociedad controlada, cuyas actividades son similares a las de la controlante o a las de otras controladas.

En el caso de un segmento de negocios o un segmento geográfico pueden representar una línea separable y principal de las líneas de actividad de la empresa o de las áreas geográficas de operación. Para un ente que operase un solo segmento, un producto o línea de servicio que fuera importante puede cumplir con ello.

Un componente del ente puede ser distinguido a los fines operativos y para la preparación de la información contable, si sus activos y pasivos operativos, sus ventas brutas y una mayoría de los gastos operativos, le puedan ser asignados directamente.

Esta asignación directa es probable si los elementos atribuidos desaparecieran cuando el componente en cuestión fuera vendido o desapropiado de cualquier forma.

En general, el caso de descontinuación es un suceso relativamente infrecuente, y es factible que ciertos cambios que no se clasifican como descontinuación, pudieran ser clasificados como reestructuraciones.

MODELO DE ESTADOS CONTABLES

ENCABEZADO

Por el ejercicio anual nº ... iniciado el ... presentado en forma comparativa con el ejercicio anterior.

Expresado en moneda constante (pesos) del ... fecha de cierre del último de ellos.

....

Denominación:

....

Domicilio legal:

....

Actividad principal:

....

Inscripción en el   Del estatuto o contrato social

Registro Público   ....

de Comercio   De las modificaciones

....

Inscripción en el organismo de contralor:

....

ESTADO DE SITUACIÓN PATRIMONIAL (O BALANCE GENE-RAL) AL.............................COMPARATIVO CON EL EJERCICIO ANTERIOR

	Actual	Anterior		Actual	Anterior
ACTIVO			**PASIVO**		
ACTIVO CORRIENTE			PASIVO CORRIENTE		
Caja y bancos (nota ...)			Deudas		
Inversiones temporarias			Comerciales (nota ...)		
(Anexo ... y nota ...)			Préstamos (nota ...)		
Otros créditos (nota ...)			Remuneraciones y cargas		
Bienes de cambio (nota ...)			sociales (nota ...)		
Otros activos (nota ...)			Cargas fiscales (nota ...)		
			Anticipo de clientes (nota ...)		
			Dividendos a pagar (nota ...)		
Total del activo corriente			Otras (nota ...)		
			Total deudas		
ACTIVO NO CORRIENTE			Previsiones (nota ...)		
Créditos por ventas (nota ...)					
Otros créditos (nota ...)			Total del pasivo corriente		
Bienes de cambio (nota ...)					
Bienes de uso (anexo ... y nota ...)			PASIVO NO CORRIENTE		
Participaciones permanentes			Deudas:		
en sociedades (Anexo... y nota...)			(ver ejemplificación en		
Otras inversiones (Anexo... y nota...)			pasivos corrientes)		
Activos intangibles			Total deudas		
(anexo ... y nota ...)			Previsiones (nota ...)		
Otros activos			Total del pasivo no corriente		
Subtotal del activo no corriente			Total del pasivo		
Llave de negocio (nota...)*			Participación de terceros en		
			sociedades controladas		
Total del activo no corriente			Patrimonio neto (según estado		
			correspondiente)		
Total del activo					
			Total del pasivo, participación de		
			terceros y patrimonio neto		

* Si correspondiera, también se consignará a continuación del activo corriente.

ESTADO DE RESULTADOS		
Por el ejercicio anual finalizado el .../.../... comparativo con el ejercicio anterior		
	Actual	Anterior
Resultados de las operaciones que continúan[1]		
Ventas netas de bienes y servicios (Anexo ...)		
Costo de los bienes vendidos y servicios prestados	____	____
Ganancia (Pérdida) bruta		
Resultados por valuación de bienes de cambio al valor neto de realización (Anexo...)[2]		
Gastos de comercialización (Anexo ...)		
Gastos de administración (Anexo ...)		
Otros gastos (Anexo ...)		
Resultados de inversiones en entes relacionados (nota ...)		
Depreciación de la llave de negocio[3]		
Resultados financieros y por tenencia[4]		
-Generados por activos (nota ...)		
-Generados por pasivos (nota ...)		
Otros ingresos y egresos (nota ...)	____	____
Ganancia (pérdida) antes del impuesto a las ganancias		
Impuesto a las ganancias (nota ...)	____	____
Ganancia (Pérdida) ordinaria de las operaciones que continúan		
Resultado de las operaciones en discontinuación[1]		
Resultado de las operaciones (nota ...)[5]		
Resultados por la disposición de activos y liquidación de deudas (nota ...)[5]	____	____
Ganancia (Pérdida) por las operaciones en descontinuación		
Participación de terceros en sociedades controladas (nota ...)[3]	____	____
Ganancia (Pérdida) de las operaciones ordinarias	____	____
Resultados de las operaciones extraordinarias (nota ...)[6]	____	____
Ganancia (Pérdida) del ejercicio	════	════
Resultado por acción ordinaria		
Básico:		
Ordinario		
Total		
Diluido:		
Ordinario		
Total		

1 No se requiere la inclusión de este título cuando no existen operaciones en descontinuación.
2 En esta línea se incluyen los resultados por valuación de bienes de cambio a su valor neto de realización.
3 Conceptos que corresponden al estado de resultados consolidado. De existir resultados extraordinarios en las sociedades controladas deberá exponerse separadamente la porción ordinaria y la extraordinaria correspondiente a la participación de terceros.
4 Pueden exponerse en una sola línea. En el caso de que se opte por presentar la información con un mayor grado de detalle, se podrá optar por incluirla en una línea con referencia a la información complementaria, o exponerla detalladamente en el cuerpo del estado.
5 Debe discriminarse el impuesto a las ganancias relacionado con estos conceptos.
6 Pueden exponerse en una línea, neto del impuesto a las ganancias, con referencia a la información complementaria, o exponerse detalladamente en el cuerpo del estado, discriminando el impuesto a las ganancias correspondiente.

ESTADO DE EVOLUCIÓN DEL PATRIMONIO NETO
Por el ejercicio anual finalizado el .../.../... comparativo con el ejercicio anterior

Rubros	Aportes de los propietarios					Resultados acumulados						Totales	
						Gnancias reservadas							
	Capital suscripto	Ajustes del capital	Aportes irrevo-cables	Prima de emisión	Total	Reserva legal	Otras reservas	Total	Resulta-dos dife-ridos[2]	Resulta-dos no asign.	Total	Ejerc. actual	Ejerc. anterior
Saldos al inicio del ejercicio													
Modificación del saldo (nota...)													
Saldos al inicio del ejercicio modificados													
Suscripción de ...acciones ordinarias[1]													
Capitalización de aportes irrevocables[1]													
Distribución de resultados no asignados[1]													
Reserva legal													
Otras reservas													
Dividendos en efectivo (o en especie)													
Dividendos en acciones													
Desafectación de reservas[1]													
Aportes irrevocables[1]													
Absorción de pérdidas acumuladas[1]													
Incremento/Desafectación de resultados diferidos[2]													
Ganancia (Pérdida) del ejercicio													
Saldos al cierre ejercicio													

[1] Aprobadas/os por .... del .../.../...

[2] Los "resultados diferidos" se presentarán separadamente de acuerdo con su diferente naturaleza.

ESTADO DE FLUJO DE EFECTIVO (Método indirecto) Por el ejercicio anual finalizado el .../.../... comparativo con el ejercicio anterior	Actual	Anterior
Variaciones del efectivo		
Efectivo al inicio del ejercicio		
Modificaciones de ejercicios anteriores (nota...)	____	____
Efectivo modificado al inicio del ejercicio (nota...)		
Efectivo al cierre del ejercicio (nota...)	____	____
Aumento (Disminución) neta del efectivo		
Causas de las variaciones del efectivo		
Actividades operativas		
Ganancias (Pérdidas) ordinarias del ejercicio		
Más (Menos) intereses ganados y perdidos, dividendos ganados e impuesto a las ganancias devengados en el ejercicio[1]		
Ajustes para arribar al flujo neto de efectivo proveniente de las actividades operativas:		
Depresiación de bienes de uso y activos intangibles		
Resultados de inversiones en entes relacionados		
Resultado por venta de bienes de uso		
....		
Cambios en activos y pasivos operativos:		
(Aumento) Disminución en créditos por ventas		
(Aumento) Disminución en otros créditos		
(Aumento) Disminución en bienes de cambio		
Aumento (Disminución) en deudas comerciales		
....		
Pagos de intereses[2]		
Pagos de impuestos a las ganancias[3]	____	____
Cobros de dividendos[4]		
Pagos de dividendos[2]		
Cobros de intereses[4]		
Flujo neto de efectivo generado (utilizado) antes de las operaciones extraordinarias		
Ganancia (pérdida) extraordinaria del ejercicio		
Ajustes para arribar al flujo neto de efectivo proveniente de las actividades extraordinarias	____	____
Valor residual de activos dados de baja por siniestros		
Resultados devengados en el ejercicio y no cobrados		
Resultados cobrados en el ejercicio y devengados en ejercicios anteriores		
Flujo neto de efectivo generado por (utilizado en) las actividades extraordinarias[5]		

Flujo neto de efectivo generado por (utilizado en) las actividades operativas **Actividades de inversión**[6] Cobros por ventas de bienes de uso Pagos por compras de bienes de uso Pagos por compra de la Compañía XX		
Flujo neto de efectivo generado por (utilizado en) las actividades de inversión **Actividades de financiación**[6] Cobros por la emisión de obligaciones negociables Aportes en efectivo de los propietarios Pagos de préstamos		
Flujo neto de efectivo generado por (utilizado en) las actividades de financiación **Aumento (Disminución) neta del efectivo**		

1 Podrían haber sido clasificados en actividades de financiación.

2 Cuando el impuesto a las ganancias o parte de él pueda identificarse con flujos de efectivo asociados o actividades de inversión o financiación deberá clasificarse dentro de estas actividades.

3 Podrían haber sido clasificados en actividades de inversión.

4 Deben separarse las partidas ordinarias de las extraordinarias.

5 Puede presentarse sólo este renglón, pero referenciando a una nota donde se explique su composición.

6 Deben separarse las partidas ordinarias de las extraordinarias.

ESTADO DE FLUJO DE EFECTIVO (Método directo)		
Por el ejercicio anual finalizado el .../.../... comparativo con el ejercicio anterior		
	Actual	Anterior
Variaciones del efectivo		
Efectivo al inicio del ejercicio		
Modificaciones de ejercicios anteriores		
Efectivo modificado al inicio del ejercicio		
Efectivo al cierre del ejercicio		
Aumento (Disminución) neta del efectivo		
Causas de las variaciones del efectivo		
Actividades operativas		
Cobros por ventas de bienes y servicios		
Pagos a proveedores de bienes y servicios		
Pagos al personal y cargas sociales		
Pagos de otros impuestos		
Pagos de intereses[1]		
Pagos del impuesto a las ganancias[2]		
Cobros de dividendos[3]		
Pagos de dividendos[1]		
Cobros de intereses[3]		
....		
Flujo neto de efectivo generado (utilizado) antes de las operaciones extraordinarias		
Cobros de indemnizaciones por siniestros...		
Flujo neto de efectivo generado (utilizado en) por las actividades extraordinarias		
Flujo neto de efectivo generado por (utilizado en) las actividades operativas		
Actividades de inversión[4]		
Cobros por ventas de bienes de uso		
Pagos por compras de bienes de uso		
Pagos por compra de la Compañía XX		
....		

Flujo neto de efectivo generado por (utilizado en) las actividades de inversión		
Actividades de financiación[4]		
Cobros por la emisión de obligaciones negociables Aportes en efectivo de los propietarios Pagos de préstamos		
Flujo neto de efectivo generado por (utilizado en) las actividades de financiación		
Aumento (Disminución) neta del efectivo		

1 Podrían haber sido clasificados en actividades de financiación.
2 Cuando el impuesto a las ganancias o parte de él pueda identificarse con flujos de efectivo asociados o actividades de inversión o financiación deberá clasificarse dentro de estas actividades.
3 Podrían haber sido clasificados en actividades de inversión.
4 Deben separarse las partidas ordinarias de las extraordinarias.